COUNTERSTRIKE BY
LOW PBR
STOCKS

低PBR株の逆襲

みずほ証券 エクイティ調査部
チーフ株式ストラテジスト
菊地正俊

日本実業出版社

はじめに

2023年3月末に東証はプライムとスタンダード市場の上場企業に対して「資本コストや株価を意識した経営の実現に向けた対応について」と題して、低PBRの企業に対して経営改革の要請を行ないました。東証上場企業の約半分がPBR（株価純資産倍率）1倍割れになっているのは長年の現象です。そのため、この要請には唐突感がありました。うがった見方では、東証が2022年4月に行なった「市場構造の見直し」の評判が芳しくなかったため、そのリカバリーショットと見なす向きもありました。

それはともかく、東証の発表は好感され、ウォーレン・バフェット氏による大手商社株の買い増しや日銀の植田和男総裁就任などのイベントとも重なったため、4～6月に外国人投資家の日本株買いが急増して、日経平均は約33年ぶりの高値に上昇しました。

東証の要請は、アベノミクス下でも緩やかにしか進まなかった日本企業のコーポレートガバナンス改善が本格的に変わるきっかけになると、外国人投資家から見なされたのです。

さらに、岸田首相が2023年9月21日のニューヨーク経済クラブでの講演で「コーポレートガバナンス改革の実効性を高める。PBR等を意識した経営と計画の策定・開示・

実行を促進する体制を構築する」と述べたことで、低PBR対策、すなわち低PBRに甘んじている企業に経営改革を促し、株価を底上げすることは国策になったともいえます。

2023年8月末に東証は、7月中旬時点での対応状況の集計を発表しました。要請を踏まえた開示を行なった企業の割合はプライム市場で31%、スタンダード市場で14%でした（このなかに「検討中と開示」した企業をそれぞれ11%、10%含むため、すでに開示した企業はそれぞれ20%、4%にとどまりました）。東証は2024年初めに、要請に基づき開示した企業の一覧表を公表するとしているため、対応する企業が増えると期待されます。

TOPIXの時価総額加重平均PBRが約1・4倍にとどまる一方、S&P500の平均PBRは4倍超です。PBR1倍はたんなる通過点と見なすべきです。PBR1倍割れの企業が1倍を目指す一方、PBR1倍超の企業はより高みを目指すことが求められます。

東証・金融庁も自社株買い等による一時的な対応ではなく、企業の成長戦略を求めています。私も投資家が評価できる低PBR対策としては、

①資本コストを意識したROE（自己資本利益率）・ROIC（投下資本利益率）の目標

②株主還元・財務戦略の具体策
③事業ポートフォリオ見直し等の成長戦略

の3本柱が必要だと考えます。

たとえば、これらの3条件を充たす施策を2023年4月27日に発表したJVCケンウッドは、2023年度1Q決算がポジティブ・サプライズになったこともあり、同対策発表前に約0・6倍だったPBRが、9月5日時点で1倍を超えました（株価は70％上昇）。

現在PBRが2倍超のソニーグループにも、アップル等との競争激化から長らくPBRが1倍割れの期間がありました。株価は四半期業績で振れますが、企業は中長期的にPBR1倍超を維持できるような事業の見直しを求められます。

東証の要請への対応はPBR水準のみならず、業種によっても差が見られました。東証の集計では、銀行業の開示が約7割と進んでいる一方、情報通信、サービス、小売業等で相対的に開示が進んでいないことが示されました。

たとえば、PBRが0・2～0・3倍の地銀は、ROEが低く、政策保有株式の割合が高い場合は、株主総会において取締役選任案に賛成しないというように議決権行使基準を厳格化した機関投資家が増えてきたこともあって危機感を強めたようです。こうしたコーポレートガバナンス改善期待に加えて、日銀の超低金利政策の見直し期待やバリュー物色の流れを受けて、銀行株は大きく上昇しました。

なお、東証・金融庁は、機関投資家との対話（エンゲージメント）を通じて企業が自主的に変わることも望んでいます。

これについては、ＧＰＩＦ（年金積立金管理運用行政法人）は「スチュワードシップ活動・ＥＳＧ投資の効果測定プロジェクト」を実施中ですし、独立系の運用会社のシンプレクス・アセット・マネジメントが２０２３年９月７日に上場したアクティブＥＴＦの「ＰＢＲ１倍割れ解消推進ＥＴＦ」の純資産が約１７０億円に達するなど、投資家の気運も高まっています。

個人投資家は低ＰＢＲの個別銘柄に投資するほか、投信やＥＴＦ等を通じて東証のイニシアティブを後押しするとともに、その果実を得ることができるでしょう。

このような動きが続くなか、本書では「低ＰＢＲ株の逆襲」が、どういう背景から起きているのか、その潮流の行方はどうなるのか、個人投資家がその潮流に乗るためのヒントはどこにあるのか、事業会社や運用会社に求められていることは何かなど、幅広いテーマについての知見をまとめました。多くの関係者の参考になれば幸いです。

なお、本書は2023年10月末の株価や為替等に基づいて記述しています。PBRは一夜にして大きく変わるので、昨日までPBR1倍割れと指摘していた企業が、翌日にはPBR1・2倍になることもあります。また、為替レートは1ドル＝145円で換算しています。

本書の内容は筆者の個人的見解であり、筆者の所属する組織のそれでないこと、および特定の株式や投信等を勧めるものではないことをお断りします。

本書のデータや資料収集面で協力してくれたみずほ証券エクイティ調査部の永吉勇人氏、黒崎美和氏、白畑亜希子氏に感謝します。

2023年11月

菊地正俊

CONTENTS

CHAPTER

3

東証の要請に対する企業の対応状況と投資家からの評価

CHAPTER 4

コーポレートガバナンス報告書からみるＰＢＲ１倍割れ企業の対応策

CHAPTER 5

評価できる低PBR対策とは？

CHAPTER

6 資本効率を高める前提としての「資本コスト」への意識

CHAPTER 7

ＰＢＲを高めるための資本政策の見直し

CHAPTER 8

低ＰＢＲ対策としてのその他の施策

CHAPTER 9

世界の株式市場のなかでも際立つ東証の低ＰＢＲ企業

CHAPTER 10

「低ＰＢＲ株の逆襲」が日本を救う

装丁・ＤＴＰ／村上顕一

CHAPTER 1

東証はなぜ低PBR対策を求めたのか？

COUNTERSTRIKE BY
LOW PBR
STOCKS

東証が要請を出すまでの経緯

「PBR1倍割れ」の意味するもの

PBRとはPrice Book-value Ratioの略で、株価が1株当たり純資産（簿価）の何倍まで買われているかをみる投資尺度です。現在の株価が企業の資産価値（解散価値）に対して割高か割安かを判断する目安として利用されます。

PBRが1倍を割れていると、「株価が解散価値を下回っている」と言われることがあり、投資家の直感に訴えるわかりやすい指標ですが、企業は将来にわたって無期限に事業を継続するというGoing-concern（継続企業）が前提になっていますから、実務上はあまり意味のある指標とはいえません。

また、保有資産が時価を大きく下回っていると減損しなければならないという会計のルールはあるとはいえ、企業の純資産が本当に現在の公表値（簿価）なのかは、実際に資産を売ってみないとわからない面があります。加えて、日本企業の場合、従業員を簡単に解雇できないので、実際に企業が解散することになった場合には、従業員への割増退職金等が大きく膨らむ可能性もあることに注意が必要です。

ちなみに、株価を簿価ではなく、時価ベースの1株当たり純資産で割った値は、ノーベル経済学賞を受賞したジェームス・トービン氏に因んで「トービンのq」と呼ばれますが（日本では「Qレシオ」と呼ばれたこともあります）、これも公表データだけで正確に計算するのはむずかしいといえます。

低PBRだけが課題ではないが……

そもそも東証は2023年3月末に発表した「資本コストや株価を意識した経営の実現に向けた対応について」で、現状分析に用いる指標の例として、①資本コスト……WACC（加重平均資本コスト＝借入にかかるコストと株式調達にかかるコストを資本構成で加重平均したもの）、株主資本コスト、②資本収益性……ROIC（投下資本利益率）、ROE（自己資本利益率）、③市場評価……株価・時価総額、PBR、PER（株価収益率）を挙げて、「どの指標を用いるかについて一律の定めはありませんが、投資家ニーズ等を踏まえ、検討ください」と述べました。

東証は、どの指標にフォーカスするかは企業の自主性に任せると言ったのに、PBRだけがマスコミで強調されたことに違和感を覚えたようです。

ただ、そうはいってもPBR1倍以下（低PBR）というのは投資家の直感に訴えるわかりやすい指標ですから、本書でも東証の要請への対応策を「低PBR対策」という言い方で総称していきます。

2023年に入って急に議論が盛り上がった

東証におけるPBR1倍割れは長期間にわたって続いている問題ですが、2023年に入って急に議論が盛り上がりました。東証のPBR1倍割れ企業に対する新しい施策は、2022年7月に設立された東証の「市場区分の見直しに関するフォローアップ会議」で継続的に議論されて出されたものです。

フォローアップ会議には9名のメンバーがいますが、2022年7月の初回会合で、マネックスグループの松本大会長は「日本の上場企業の平均PBRが低い理由は、株主の権利を守っていないからだ。株主が会社を買収して精算できれば、労働債権等を控除しても、PBR0・8倍程度では精算できると思われ、裁定が効き、PBR0・5倍以下で放置されるとは思えない。公開市場の設計には、株主の視点をもっと多く採り入れるべきだ」との意見書を提出しました。

一方、企業に一律にPBR1倍を求めることについて、「PBRはマクロ経済情勢や株式市場動向に左右され、業種による特性もあるため、企業が自ら決めることができるROE目標にとどめるべき」との反論も出ました。

ちなみに、ほとんどの運用会社は議決権行使基準にROEの数値基準を入れていますが、PBR基準を入れているのはアセットマネジメントOneや大和アセットマネジメントに限られます。

安倍政権以降のコーポレートガバナンス改革の一環

2023年に急に議論が盛り上がってきた東証の低PBR対策には唐突感がありましたが、安倍政権以降続いているコーポレートガバナンス改革の一環と捉えると違和感がなくなります。

2014年8月に発表された「伊藤レポート」、すなわち2014年8月に公表された、伊藤邦雄一橋大学大学院教授（当時）を座長とした、経済産業省の『「持続的成長への競争力とインセンティブ～企業と投資家の望ましい関係構築～」プロジェクト』の最終報告書は、日本は長期投資家不在の「資産運用後進国」だと指摘したうえで、「資本コスト（企業が資本を調達・維持するのに必要なコスト）を上回るROEを、そして資本効率革命を」と、まさに東証が2023年3月に要請したことの必要性を言っていたのです。

「伊藤レポート」は、「個々の企業の資本コストの水準は異なるが、グローバルな投資家から認められるには、まずは第一ステップとして、最低限8%を上回るROEを達成することに各企業はコミットすべきだ。それはあくまで最低限であり、8%を上回ったら、また上回っている企業はより高い水準を目指すべきだ」と主張しました。この「伊藤レポート」の後、東証1部（現プライム市場）企業のROEの分布は、少し右の高いほうにシフトしたので、一定の効果があったと評価されています。

また、今回の東証の要請は、企業に投資家との対話の促進とその開示を求めていますが、2014年2月に制定されて2回にわたって改訂されたスチュワードシップ・コードは、「機関投資家は投資先企業との建設的な目的を持った対話を通じて、投資先企業と認識の共有を図るとともに、問題の改善に努めるべきである」と規定しています。

2015年6月に制定されて、その後2回にわたって改訂されたコーポレートガバナンス・コードは原則5－2で、「経営戦略や経営計画の策定・公表に当たっては、自社の資本コストを的確に把握した上で、収益計画や資本政策の基本的な方針を示すとともに、収益力・資本効率等に関する目標を提示し、その実現のために、事業ポートフォリオの見直しや、設備投資・研究開発投資・人的資本への投資等を含む経営資源の配分等に関し、具体的に何を実行するのかについて、株主に分かりやすい言葉・論理で明確に説明を行うべ

図表1－1 〉安倍政権以降のコーポレートガバナンス改革の流れ

日時	イベント
2012年12月	安倍政権が発足
2014年1月	NISA制度がスタート
2014年2月	日本版スチュワードシップ・コードが導入
2014年8月	「伊藤レポート」が8% ROEを求める
2015年6月	コーポレートガバナンス・コードの導入
2017年5月	日本版スチュワードシップ・コードが改訂
2017年11月	東京都が「国際金融都市・東京」構想を発表
2018年6月	コーポレートガバナンス・コードの改訂
2019年度	有報における政策保有株式の開示が厳格化
2020年3月	日本版スチュワードシップ・コードが再改訂
2020年9月	菅政権が発足
	「人材版伊藤レポート」が公表
2021年6月	コーポレートガバナンス・コードが再改訂
2021年10月	岸田政権が発足
2022年4月	東証の市場構造の見直し
2022年7月	東証が「市場区分の見直しに関するフォローアップ会議」を設立
2022年10月	TOPIXの見直しがスタート
2023年3月	東証が資本コストと株価を意識した経営を要請
2023年4月	金融庁が「コーポレートガバナンス改革の実質化に向けたアクション・プログラム」を発表
2023年度	有報における人的資本の開示が厳格化
2023年8月	東証が「資本コストや株価を意識した経営の実現に向けた企業の対応状況」を発表
	経産省が「企業買収における行動指針」を決定
2023年内	政府が「資産運用立国プラン」を策定
2024年1月（予）	NISA制度が拡充
2024年中（予）	大量保有報告制度、四半期業績発表の見直し
2025年1月（予）	TOPIXの見直しが終了
2025年3月（予）	プライム市場の上場規準の猶予措置の期限

出所：みずほ証券エクイティ調査部作成

きである」と規定しました。

これらのコードを表面上、遵守しているとしていた企業が多かったものの、実際には実施しきれていなかったため、東証の今回の要請につながったと考えられます。

日本取引所グループの山道裕己CEOは、「コーポレートガバナンス改革は2015年に始まり、ある程度進展したと言われるまで8年かかりました。事業ポートフォリオの見直しが重要で、それは一朝一夕にはできません。私は海外で話すときはいつも最初に、"this time could be different"と言っています」と述べました（『日経ビジネス』2023年8月7日号）。

∨「資本コスト」を意識した経営が求められた背景

「市場区分の見直しに関するフォローアップ会議」のメンバーであるアストナリング・アドバイザー合同会社の三瓶裕喜代表（元フィデリティ投信のヘッド・オブ・エンゲージメント）は、2023年5月18日のみずほ証券の講演で次のように述べましたので、これが東証の要請の背景にあると考えられます。

・2022年7月に開催された東証の「市場区分の見直しに関するフォローアップ会議」で、新市場区分・改革への期待外れ、TOPIX改革の必要性、根本的問題（PBR1倍割れ企業の多さ）、経過措置終了時期の早期決定などが議論された。

・日本企業の経営者は、①資本コストはCAPM（Capital Asset Pricing Model、資産のリスクと期待リターンの関係式を表す均衡モデル）を知っていればわかっていると思っている、②PBRはROEで決まると思っているなど、金融リテラシーが低い。

・日本市場は海外市場に比べて、成長が期待される企業が少ない一方、株主還元が重視される企業や事業撤退・資産売却などの構造改革が求められる企業の割合が多い。

・既存のビジネスモデルを見直しイノベーションに挑む力が、日本企業は劣っている。

・PBRとROEの関係は、①PBR＝ROE÷益回り（株価が示唆する株主資本コスト）、②PBR＝ROE×PERの関係の2つある。ROEが株主資本コストを下回る状況では、①の評価と解散価値（PBR1倍）のあいだで評価される。ROEが株主資本コストを超えるにつれて、成長に回す投資資金が潤沢になる。成長余地がある場合には成長率を押し上げることが期待され、②PER評価に視点が移る。

・PBR1倍割れの理由としては、①ROEが株主資本コストを下回っている、②利益のボラティリティが高い、③成長を期待しにくい、④株主資本毀損リスクが高いなどが挙げられる。

・日本企業の課題としては、資本コスト割れの直視、価格決定力、事業撤退・資産売却、ビジネスモデルの見直し、保有現預金の適正水準・保有理由見直し、ROIC下方圧力の吸収余地確保、パートナーシップにおける自社貢献の可視化・価値化、ビジネスモデル・イノベーションによる事業創造、内輪の論理を客観視できる体制づくりが挙げられる。これら9つの課題は、東証が2023年3月に発表した「資本コストや株価を意識した経営の実現に向けた対応について（案）」に反映されている。

・東証の施策は、自社株買いや増配のみの対応や一過性の対応を期待するものではなく、継続して資本コストを上回る資本収益性を達成し、持続的な成長を果たすための抜本的な取り組みを期待するものだ。

資本効率を高めるとは？

＞PBR＝ROE×PERの恒等式

PBRは、株価をBPS（1株当たり純資産）で割って計算されます。BPSは純資産を発行済株式総数で割って計算されます。

図表1−2 > PBR、PER、ROEの基本的な計算式

$$\mathbf{PBR}=\frac{\text{株価}}{\text{BPS}}=\frac{\text{株価}\times\text{発行済株式数}}{\text{BPS}\times\text{発行済株式数}}=\left[\frac{\text{時価総額}}{\text{純資産}}\right]$$

$$=\text{ROE}\left[\frac{\text{純利益}}{\text{純資産}}\right]\times\text{PER}\left[\frac{\text{時価総額}}{\text{純利益}}\right]$$

$$\mathbf{PER}=\frac{\text{株価}}{\text{EPS}}=\frac{\text{株価}\times\text{発行済株式数}}{\text{EPS}\times\text{発行済株式数}}=\left[\frac{\text{時価総額}}{\text{純利益}}\right]$$

$$\mathbf{ROE}=\text{売上高純利益率}\left[\frac{\text{純利益}}{\text{売上}}\right]\times\text{総資産回転率}\left[\frac{\text{売上}}{\text{総資産}}\right]$$

$$\times\text{レバレッジ}\left[\frac{\text{総資産}}{\text{純資産}}\right]$$

出所:みずほ証券エクイティ調査部作成

図表1−3 > 東証プライム企業のROEの要因分解

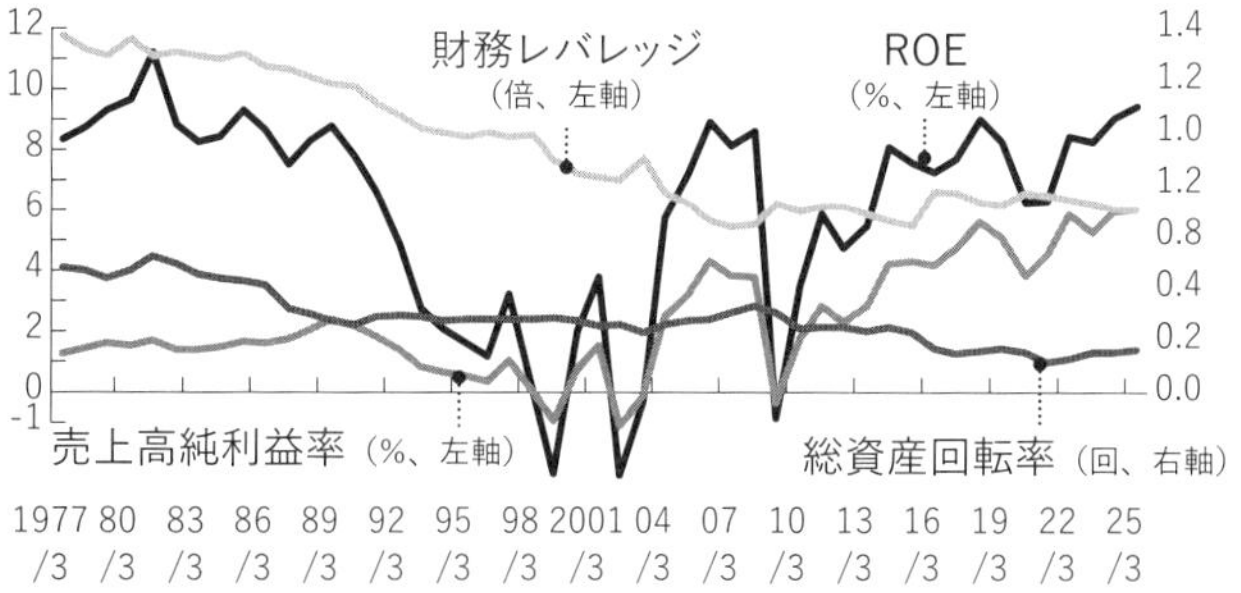

注:各年度末時点の東証プライム市場(以前は東証1部)上場企業対象、予想利益(2024年以降)はみずほ証券予想、IFISコンセンサス予想、東洋経済予想の順に優先して使用。2023年11月1日時点
出所:日経、東洋経済、IFISよりみずほ証券エクイティ調査部作成

また、ＰＢＲは、ＲＯＥ（純利益÷純資産）×ＰＥＲ（時価総額÷純利益）に分解して示すこともできます。ＲＯＥは企業の資本効率性を示す会計用語である一方、ＰＥＲは市場の期待を反映したバリュエーションです。すなわち、低ＰＢＲは、低ＲＯＥか低ＰＥＲか、またその両方が理由ということになります。

ＲＯＥは「デュポン公式」によって、売上高純利益率×総資産回転率×財務レバレッジに分解されます。

ＲＯＥは自社株買いや増配等によって、財務レバレッジを上げることでも上昇しますが、それは一時的な効果しかなく、レバレッジを上げすぎると倒産リスクが高まり、逆にＷＡＣＣが上がることもあるため、不採算事業の縮小や成長事業の拡大等によって利益率を持続的に上げるのが望ましいといえます。

なお、日本企業には素材産業を中心に、「ＲＯＥが高くても、予想ＰＥＲが低いので、ＰＢＲが１倍割れとなっている企業」がたくさんあります。

＞ＲＯＩＣ経営で有名なオムロン

資本効率を高めるといった場合、ＲＯＥを高める、すなわち株主による拠出金に対してどのくらいのリターンを実現したかをみる場合と、ＲＯＩＣを高める場合があります。Ｒ

OICにはいくつかの計算方法がありますが、税引後営業利益÷（株主資本＋有利子負債）で計算されることが多いようです。

ROIC経営で有名な企業はオムロンで、HPには「ROIC経営の浸透をより加速させるため、ROICの定性的な翻訳式を活用した『ROIC経営2・0』を2015年から開始しています。事業特性が異なる複数の事業部門を持つオムロンにとって、ROICは各事業部門を公平に評価できる最適な指標です。全社一丸となって、ROICを持続的に向上させるため、『ROIC経営』を社内に広く浸透させています」と記載しています。ただ、工場勤務のエンジニアに突然ROIC重視と言っても理解できないので、オムロンはROIC逆ツリーを展開しています。まずROICをROS（売上高利益率）と投下資本回転率に分解し、前者のKPIとして売価コントロール、1人当たり生産台数、自動化率等、後者のKPIとして、在庫月数、債権／債務月数、設備回転率等を挙げています。

オムロンの2022年度のROICは10・4%、ROEは10・6%でした。しかし、2023年上期決算が失望となり、株価が急落したため、2023年10月末時点のPBRは約1・4倍に低下しました。

上場企業に求められる対応策

東証が「対応のお願い」を通知

２０２３年3月31日、東証は9回目のフォローアップ会議の後に、「資本コストや株価を意識した経営の実現に向けた対応について（案）」を発表し、プライム・スタンダード市場の上場企業に対して、「資本コストや株価を意識した経営の実現に向けた対応等に関するお願いについて」を通知しました。

それによると、企業には、①現状分析→②計画策定・開示→③取り組みの実行のＰＤＣＡを回すこと、が求められています。

①は自社の資本コストや資本収益性を的確に把握し、その内容や市場評価に関して、取締役会で現状を分析・評価することであり、東証は取締役会での議論の必要性を強調しています。

②は改善に向けた方針や目標・計画期間、具体的な取り組みについて検討・策定し、そ

の内容について投資家にわかりやすく開示することです。開示を行なう書類・フォーマットの定めもありませんが、経営戦略や経営計画、決算説明資料、自社ウェブサイト、上場維持基準に向けた計画などが例示されました。いずれの形式で開示した場合も、コーポレートガバナンス報告書への記載が求められます。東証は当初、開示のフォーマットの導入を検討したようですが、発表媒体は企業の自主性に任せることに決めました。

東証が2023年7月14日時点で要請への対応策の開示を行なったプライム企業の発表媒体を調査したところ、中期経営計画33%、決算説明資料29%、コーポレートガバナンス報告書23%、統合報告書とウェブ

図表1－4 ＞ プライム企業が東証の要請への対応策の開示を行なった書類

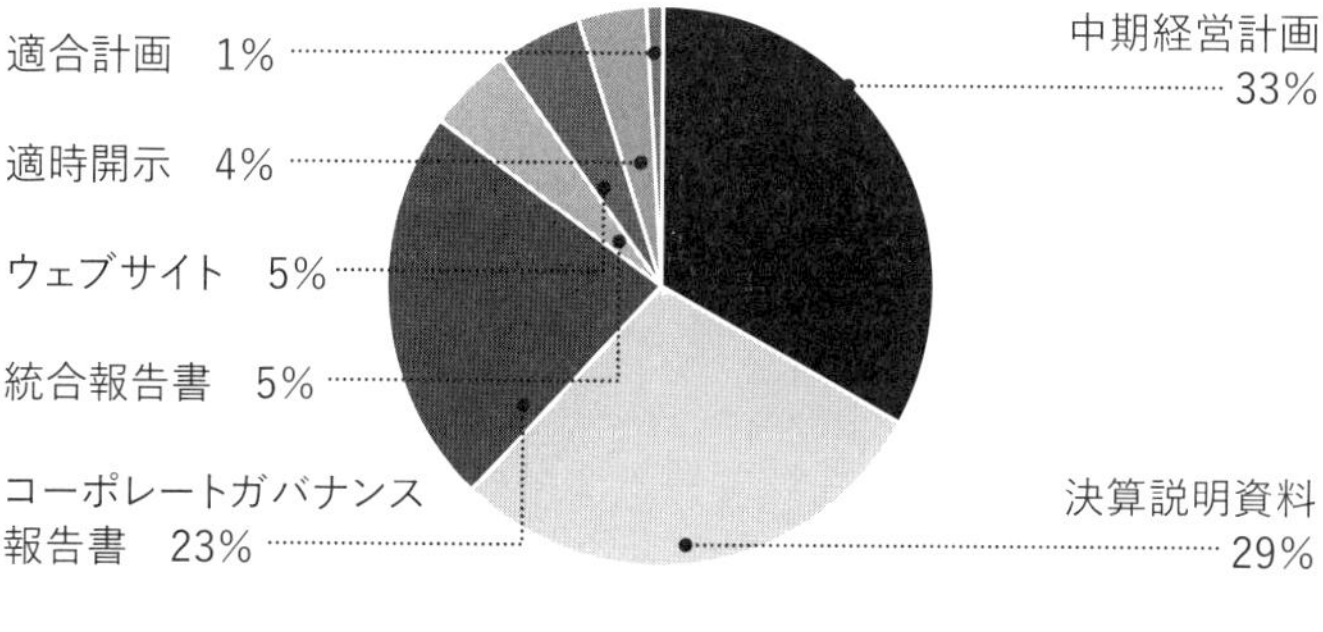

注：プライム市場の3月期決算企業で、2023年7月14日時点で取組み等を開示している企業を対象に集計。複数の書類で開示をしている場合、主な記載が行なわれている書類をカウント
出所：東証よりみずほ証券エクイティ調査部作成

サイトの5%、適時開示4%の順に多くなりました。

コーポレートガバナンス報告書に中期経営計画か決算説明資料等のリンクを張った企業も多くありましたが、中期経営計画や統合報告書等はページ数が多いので、何ページを参照すべきか書いてもらうと、投資家が情報を探しやすくなるでしょう。

③は計画に基づき、資本コストや株価を意識した経営を推進し、投資家との積極的な対話を実施することです。開始時期の定めはありませんが、できる限り速やかな対応が求められました。

＞コーポレートガバナンス・コードの原則5−1と原則5−2が重要

コーポレートガバナンス・コードの原則5−1は「株主との建設的な対話に関する方針」、原則5−2は、「経営戦略や経営計画の策定・公表」です。

東証は2023年4月に改訂版を発表した「コーポレート・ガバナンスに関する報告書記載要領」で、記載例として【株主との対話の実施状況】と、【資本コストや株価を意識した経営の実現に向けた対応】を挙げたので、コーポレートガバナンス報告書で前者は原則5−1、後者は原則5−2に書き込んだ企業が多くなりました。

ただ、後者の補充原則5−2①は、「上場会社は経営戦略等の策定・公表に当たっては、取締役会において決定された事業ポートフォリオに関する基本的な方針や事業ポートフォリオの見直しの状況について分かりやすく示すべきである」としているため、事業ポートフォリオについてのみ記述し、資本コストや株価を意識した経営に関する記述がない企業が多くありました。

たとえば、PBRが約0・8倍の沖電気は2023年9月11日に発表したコーポレートガバナンス報告書で、【原則5－1 株主との建設的な対話に関する方針】を詳述し、【原則5－2 経営戦略や経営計画の策定・公表】に、「事業ポートフォリオの評価を高い精度で行い、より一層の効率的な経営資源配分を実現することを目的とし、ROICを導入して経営管理の高度化を図っている予定としております」と書いたものの、PBRに関する記述はありませんでした。

∨低PBR対策の発表の形態や時期等は企業に任される

前述したように、現状分析に使う指標に一律の定めはありませんが、WACC、株主資本コスト、ROIC、ROE、株価、時価総額、PBR、PERなどが事例として挙げられました。

このうち、資本コストについては、公表している企業は極めて少ないのですが、東証は

図表1－5 ＞ 東証の資本コストや株価を意識した経営の実現に向けた対応の要請内容

対象　プライム市場・スタンダード市場の全上場会社が対象

対応　資本コストや株価を意識した経営の実現に向けて、以下の一連の対応について、継続的な実施を要請

現状分析
・自社の資本コストや資本収益性（ROE、ROIC等）を的確に把握
・その内容や市場評価（株価・時価総額、PBR、PER等）に関して、取締役会等で現状を分析・評価

▼

計画策定・開示
・改善に向けた方針や目標・計画期間、具体的な取組みについて取締役会で検討・策定
・その内容について、現状評価とあわせて、投資者にわかりやすく開示

▼

取組みの実行
・計画に基づき、資本コストや株価を意識した経営を推進
・開示をベースとして、投資家との積極的な対話を実施

毎年（年1回以上）、進捗状況に関する分析を行ない、開示をアップデート

開始時期
・計画策定・開示の前提として十分な現状分析や検討を行なうことが肝要であるため、開示について具体的な開始時期の定めはないが、できる限り速やかな対応を要請

※現状分析や検討に一定の期間を要する場合には、まずは計画策定・開示に向けた検討状況や開示の見込み時期を示したうえで、計画策定が完了した時点で改めて具体的な内容について開示するなど、段階的に開示を拡充していくことも考えられる

注：2023年3月31日発表
出所：東証資料よりみずほ証券エクイティ調査部作成

「資本コストの開示は必ずしも求められないが、自社の資本コストについての考え方、計算方法など算出の背景にある考え方などについて説明することが考えられる」としました。資本コストについては、CHAPTER 6で詳しく触れます。

また、事業セグメントごとのROICを開示している企業は極めて少ないのですが、東証は「事業セグメントごとにROIC等を算出して、資本収益性の分析・評価を実施することも考えられる」と述べました。

なお、ROEが10%超でも、(予想PERが低い=株価が安いなどにより)PBRが1倍割れの企業も多いのですが、東証は「資本コストを上回る資本収益性を達成できていても、PBR1倍割れなど十分な市場評価を得られない場合には、その要因について分析・評価を行う」ことを求めました。

分析後は、資本収益性や市場評価に関して、改善に向けた指針や具体的な目標を、投資家にわかりやすく示すことが期待されました。企業は投資家から得たフィードバックを、取締役会で議論して経営に活かすことが求められます。

東証上場部企画グループ統括課長の講演内容

東証で低PBR対策を司る上場部企画グループの池田直隆統括課長は、2023年7月

14日に日本証券アナリスト協会で行なった「『資本コストや株価を意識した経営の実現に向けた対応』等について」との講演で、以下のように述べました。

・損益計算上の売上・利益は重要なファクターだが、上場している以上、バランスシートをベースとする資本コストや資本収益性を十分に意識した経営を実践していただきたい。

・継続して資本コストを上回る資本収益性を達成し、持続的な成長を果たしていくための抜本的な取り組みを検討いただきたい。

・PBRの分母の改善だけではなく、本質的に資本収益性を向上させる取り組みを考えていただきたい。

・企業が独自の方法により、その方針や目標、具体的な内容を投資家にわかりやすく開示していただきたい。最も重要なのは開示をベースとして投資家と対話するプロセスであり、積極的な対話を通じて取り組みをブラッシュアップしていくことが期待される。

・本対応の対象となるのは、プライム・スタンダードの全上場会社であり、決してPBR1倍を割れている企業だけにお願いしているわけではない。

・上場会社の経営者と話していると、PBRや資本コストについては把握しているが、それを取締役会で評価・分析する作業自体は行なっていないケースが多い。そのため、取締役会レベルでやっていただきたいということをお願いとして記載した。

・年1回以上、進捗に関する分析を行ない、いまどうなっているのか、今後どうしていくのか、開示をアップデートする形が望ましい。できる限り速やかに、遅くとも1年以内に出していただきたい。
・資本コストを上回る資本収益性を達成できていても、PBRが1倍を割れているなど、マーケットから十分な評価を得られていない場合には、その要因を分析・評価してはどうか。PBRやPERの平均的な水準は業種によっても異なるため、時系列の変化や同業他社との比較などの観点で、自社の現状について分析・評価することも考えられる。
・目標の設定にあたっては、具体的な到達水準や到達時期を示す方法のほか、目指すレンジを示す方法、ROEやEPSの成長率など変化率のトレンドを示す形などが考えられる。
・要請ではなく、上場規則等で規定したほうが良いとの声もあるが、上場会社の自発的な取り組みが主眼であるため、上場ルールを使ってエンフォースメントのようなものをちらつかせながらお願いすることは考えていない。

＞GPIFも東証の低PBR対策を後押し

運用資産が約200兆円と世界最大の公的年金であるGPIFは2023年8月25日に

公表した「2022年度ESG活動報告」で、宮園雅敬理事長が次のように述べました。株価の上昇は公的年金にとっても大きなプラスとなるため、改めて上場企業としての取り組みを促したといえるでしょう。

・PBRを引き上げるには、自社株買いや増配で分母を小さくする方法もありますが、基本的には株価を上げることが必要になります。

・PBRが1倍を割っていることは、資本コストを上回る収益を上げていない、もしくは今後上げられなくなるのではないかという投資家の懸念が示されています。言い換えると、いずれもサステナビリティに疑義が生じているということだと思います。

・低PBRの原因が株式市場におけるミスプライスであれば、投資家との対話や情報開示を積極的に行なうことは解決策の1つとなりますが、収益性が低いということであれば、事業ポートフォリオの見直しが急務となります。

・また、経済社会が「ネットゼロ」へ向かうことで、事業の継続可能性が問われているケースもあると思います。日本企業の低PBRという資本市場の大きな課題の解決には、企業と投資家との対話が大きな役割を果たすことになると考えており、GPIFの委託先の運用会社には、いままで以上に積極的なエンゲージメントをお願いしたいと思います。

CHAPTER 2

日本株市場の PBR1倍割れの実情

COUNTERSTRIKE BY
LOW PBR
STOCKS

プライム市場全体のPBRとROEの現況

プライム市場の約4割がPBR1倍割れ

プライム市場（2022年3月までは東証1部）のPBR1倍割れ企業の比率は、以下のように推移しています。

・1990年のバブル崩壊直後はほとんどゼロでした。
・1990年代後半に銀行システム不安が起きて、日本企業のバランスシートは信頼できないとの見方を背景に株価が低迷し、PBR1倍割れ企業の比率が50％超に上がりました。
・小泉政権下で不良債権問題が処理され、構造改革期待も高まったため、PBR1倍割れ比率は2006年初めに10％近くまで低下しました。
・プライム市場のPBR1倍割れ比率が最も高かったのは、2008年9月に起きたリーマンショック時であり、2009年1月に8割近い企業がPBR1倍割れとなりました。

・2012年にアベノミクスが始まり、外国人投資家の日本株買いが急増すると、PBR1倍割れ比率は2017年末に約30％まで低下しました。
・2023年に入って東証がPBR1倍割れ対策を要請したこともあり、プライム企業のPBR1倍割れ比率は2022年末の47％から10月末に44％まで低下しました。すなわち、プライム市場企業の「約半分がPBR1倍割れ」という表現から、「約4割がPBR1倍割れ」という表現に変えることができるようになりました。
また、プライム市場の時価総額加重平均PBRは以下のように推移しています。
・1980年代後半のバブル期には約5倍と、いまの米国市場のように高かった時代がありました。
・その後、日本経済の低成長化や日本企業の資本効率性低下等を背景に、一貫して平均PBRは低下し、リーマンショック時には0・9倍割れ、民主党政権時代は0・9倍台で推移しました。
・安倍政権時代は2015年半ばがPBR1・5倍でピークでした。
・現在、平均PBRは2022年末の1・2倍割れから、10月末時点で約1・4倍まで上昇しました。同日時点のみずほ証券ボトムアップ予想では、2023年度予想PER14・7倍×予想ROE9・6％＝予想PBR1・4倍という関係にありますが、東証の要請を受けて、プライム企業が成長期待と資本効率性をともに上げることができ、ＰＥＲ16倍×ＲＯＥ10％という関係になれば、ＰＢＲは１・６倍とアベノミクス時のピークを抜けることになります。

＞ＰＢＲを業種一律に当てはめるべきかには意見が分かれる

東証33業種のＰＢＲは予想ＲＯＥの高低を反映した水準になっていますが、33業種のうち13業種の平均ＰＢＲが１倍割れとなっています。

業種別の平均ＰＢＲ（時価総額加重平均）は２０２３年10月26日時点で、精密、小売、医薬品、その他製品が２倍を超えている一方、石油・石炭、紙パ、銀行、鉄鋼、鉱業

図表２−１ ＞ プライム市場の平均ＰＢＲとＰＢＲ１倍割れ企業の比率の推移

注：BPSは四半期ベース。2023年10月31日時点
出所：日経よりみずほ証券エクイティ調査部作成

が0・7倍前後などでした。

業種特性を考慮せずに、一律にPBR1倍を求めることに関して、2023年7月29日の日本経済新聞の「大機小機」は、銀行には超低金利、電力会社には原発再稼動の遅れという逆風があるなか、「PBR1倍以上という単一の尺度で、全産業に横串を刺すことは果たして適切なのか。むしろ、日本経済をゆがめてしまうように思われて仕方がない」と苦言を呈しました。

PBR1倍割れが長期間続いている企業群

個別企業を見ると、PBR1倍割れが長期間続いている企業が多くあります。米国ボストンから日本の中小型バリュー株に投

図表2-2 > 東証33業種の実績PBR

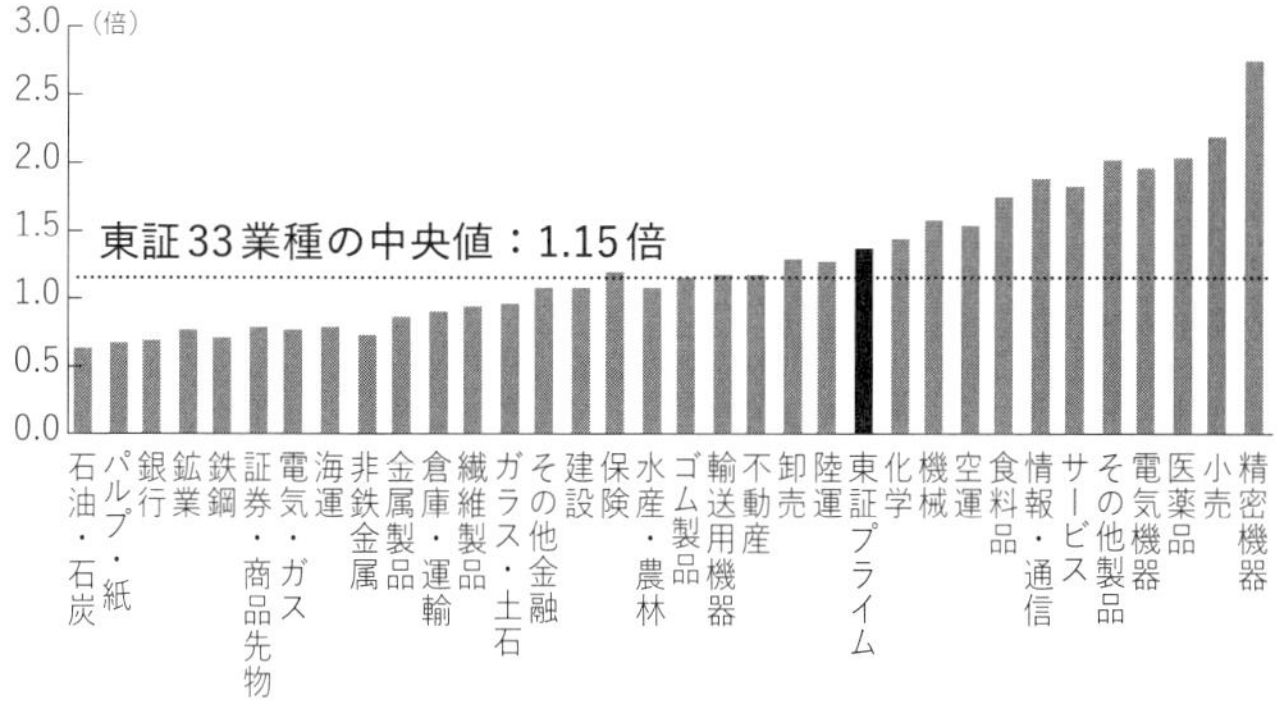

注：2023年10月26日時点。実績PBRは2022年度
出所：日経、東洋経済、IFISよりみずほ証券エクイティ調査部作成

図表2−3 > 10年連続PBR1倍割れの主な事業会社

コード	銘柄名	業種	時価総額（10億円）	2013年3月末以降にPBR1倍割れだった月数	同期間のうちPBR1倍割れだった月における平均PBR	同期間のうちPBR1倍割れだった月における最大PBR	同期間のうちPBR1倍割れだった月における最小PBR
8053	住友商事	卸売	3,317.9	121	1.39	1.82	1.05
1605	INPEX	鉱業	2,095.3	121	1.93	3.89	1.24
5411	JFE HD	鉄鋼	1,079.0	121	1.84	4.44	1.00
7911	凸版印刷	他製品	996.0	121	1.67	2.66	1.18
2768	双日	卸売	668.1	121	1.62	2.62	1.15
5901	東洋製罐グループHD	金属製品	383.6	121	1.80	3.07	1.22
9401	TBS HD	情報通信	378.0	121	1.79	3.11	1.04
4676	フジ・メディア・HD	情報通信	315.0	121	2.11	3.38	1.10
8012	長瀬産業	卸売	275.6	121	1.49	1.98	1.16
5214	日本電気硝子	ガラ土	262.5	121	1.88	3.28	1.14
1662	石油資源開発	鉱業	235.4	121	2.66	4.28	1.49
8098	稲畑産業	卸売	168.1	121	1.63	2.15	1.16
9409	テレビ朝日HD	情報通信	164.5	121	1.67	2.70	1.12
1941	中電工	建設	128.0	121	1.62	2.99	1.09
4634	東洋インキSC HD	化学	126.7	121	1.45	2.17	1.04
8566	リコーリース	他金融	121.8	121	1.56	2.20	1.11
5451	淀川製鋼所	鉄鋼	102.2	121	1.78	2.50	1.15
7485	岡谷鋼機	卸売	97.5	121	2.29	3.15	1.57
8511	日本証券金融	他金融	96.2	121	2.16	3.68	1.22
5440	共英製鋼	鉄鋼	81.3	121	1.86	3.04	1.27
5191	住友理工	ゴム	79.0	121	1.82	2.77	1.23
9068	丸全昭和運輸	陸運	76.6	121	1.59	1.98	1.22
8032	日本紙パルプ商事	卸売	74.1	121	1.43	1.72	1.15
8125	ワキタ	卸売	72.1	121	1.57	2.43	1.04

注：銀行を除く時価総額700億円以上の全上場企業対象。2023年3月末まで10年間（120カ月、月末時点）において、一貫してPBR1倍割れ。PBR＝株価×発行済株式数÷自己資本。自己資本は各時点における発表済の直近四半期末時点の自己資本。2023年5月28日時点。このリストは推奨銘柄ではない

出所：日経よりみずほ証券エクイティ調査部作成

資するKaname Capitalの槙野尚氏は、２０２３年5月25日のみずほ証券のセミナーで、「日本企業は直近でＰＢＲ１倍割れ企業の比率が48％もあることに加え、10年連続で１倍割れの企業も22％あった」と指摘しました。

10年連続ＰＢＲ１倍割れには銀行が多いため、銀行を除いたスクリーニング（月末値データを使用）をみずほ証券エクイティ調査部で行なったところ、時価総額が大きい企業では住友商事、ＩＮＰＥＸ、ＪＦＥ ＨＤ、凸版印刷、双日、東洋製罐グループＨＤ、ＴＢＳ ＨＤ、フジ・メディア・ＨＤ、長瀬産業、日本電気硝子、石油資源開発、稲畑産業などが入りました。

このうち、ＩＮＰＥＸ、双日、稲畑産業などは、後述するように「評価される低ＰＢＲ対策」を発表しました。日本電気硝子も２０２３年10月30日に「持続的成長と企業価値向上に向けた施策に関するお知らせ」を発表しました。

中長期的にＰＢＲの向上を達成した企業群

ＰＢＲは相場環境によって変動するので、数カ月間だけのＰＢＲ１倍割れは気にする必要がない一方、数カ月間だけＰＢＲ１倍を若干超えても、ぬか喜びすべきでないでしょう。東証もＰＢＲ１倍達成のために、株主還元などの一過性の対応を求めているのではなく、中長期的に資本コストを上回る資本収益性を達成し、持続的に成長することを求めています。

中長期的にPBR1倍割れから1倍超を達成した企業、逆に、昔はPBR1倍を超えていたのに、PBR1倍割れが定着してしまった企業があります。

中長期的にPBR1倍割れから1倍超を達成した主な企業にはソニーグループ、NTT、東京海上HD、富士フイルムHD、豊田通商などがあります。中長期的にPBRを向上させた企業は、成長期待を高めた企業、EPSを持続的に増やした企業、事業ポートフォリオの見直しに成功した企業などが多くなっています。

現在PBRが2倍を超えるソニーグループも、リーマンショック以降、アップルとの競争に敗れたとの懸念から株価が10年にわたって低迷し、PBRも1倍割れでした。しかし、スマホに使われるイメージセンサーで世界一のシェアを確立したことなどで成長期待が高まりました。サードポイントからコングロマリット・ディスカウント（複合企業の企業価値が、事業ごとの企業価値の合計よりも小さい状態）是正を求める株主提案を受けたこともありましたが、ソニーブランド共有のシナジーを唱えて反駁しました。

NTTはグループ経営が混乱した時期もありましたが、発行済株式数をコントロールしながら、EPSを2017年度225円→2023年度の中期財務目標370円（2023

図表2－4 ＞中長期的にPBR1倍割れから1倍超を達成した主な企業

コード	銘柄名	業種	時価総額（10億円）	平均PBR（倍） 2007年度~2014年度	2015年度~2022年度	平均ROE（%） 2007年度~2014年度	2015年度~2022年度
6758	ソニーグループ	電機	16,312.1	0.84	2.00	-4.0	13.6
9432	日本電信電話	情報通信	14,415.6	0.80	1.20	6.8	10.9
8766	東京海上HD	保険	5,947.4	0.97	1.05	4.6	7.9
4901	富士フイルムHD	化学	3,319.9	0.71	1.24	2.7	7.2
8015	豊田通商	卸売	2,891.2	0.95	1.03	8.4	12.1
8267	イオン	小売	2,641.1	0.94	1.69	4.8	0.5
6701	日本電気	電機	1,908.6	0.81	1.07	-4.1	7.9
1928	積水ハウス	建設	1,898.1	0.84	1.14	4.7	10.7
6963	ローム	電機	1,331.8	0.84	1.14	1.0	5.5
6383	ダイフク	機械	1,102.3	0.98	3.13	6.4	14.2
1801	大成建設	建設	1,006.2	0.91	1.35	4.3	13.9
3003	ヒューリック	不動産	925.3	0.97	1.77	1.1	12.5
7951	ヤマハ	他製品	873.2	0.89	2.30	1.3	10.6
6724	セイコーエプソン	電機	849.6	0.97	1.37	-0.6	8.9
3626	TIS	情報通信	845.5	0.70	1.88	4.4	11.7
6967	新光電気工業	電機	821.8	0.91	1.08	2.5	9.7
4183	三井化学	化学	777.3	0.71	1.05	-2.9	12.6
1803	清水建設	建設	720.5	0.99	1.05	3.1	11.8
4042	東ソー	化学	594.9	0.98	1.04	7.9	13.9
8111	ゴールドウイン	繊維	547.3	0.94	3.93	6.7	20.4
6976	太陽誘電	電機	542.2	0.91	1.52	-1.4	10.6
4816	東映アニメーション	情報通信	535.9	0.91	2.68	6.8	15.4
8572	アコム	他金融	535.8	0.89	1.65	-3.4	8.6
2002	日清製粉グループ本社	食品	535.2	1.00	1.37	5.0	4.1
7459	メディパルHD	卸売	526.9	0.93	1.04	4.9	6.7
8252	丸井グループ	小売	516.3	0.74	1.60	1.2	6.8
4403	日油	化学	500.5	0.92	1.69	7.2	12.4
8060	キヤノンマーケティングジャパン	卸売	475.0	0.81	1.05	3.6	7.2
2282	日本ハム	食品	448.1	0.99	1.14	5.0	6.7
5929	三和HD	金属製品	444.1	0.92	1.76	4.5	12.9
2331	綜合警備保障	サービス	442.0	0.87	2.08	4.8	9.5
4927	ポーラ・オルビスHD	化学	436.5	0.99	3.00	3.7	7.7
6966	三井ハイテック	電機	383.6	0.58	1.20	-1.1	7.8
1721	コムシスHD	建設	376.2	0.94	1.36	7.0	8.4
4186	東京応化工業	化学	371.0	0.73	1.32	2.8	6.7
4812	電通国際情報サービス	情報通信	345.5	0.73	2.21	4.4	12.2
9987	スズケン	卸売	333.6	0.95	1.02	4.9	5.3
9749	富士ソフト	情報通信	316.8	0.80	1.28	4.0	6.7
2810	ハウス食品グループ本社	食品	304.0	0.88	1.25	3.3	5.2
5344	MARUWA	ガラ土	303.5	0.82	1.47	4.3	11.8
8114	デサント	繊維	303.5	0.96	1.96	7.0	6.8

注：2023年8月3日時点。2007年度から2014年度の平均PBRが1倍割れかつ、2015年度から2022年度の平均PBRが1倍超の銘柄。時価総額の高い順に表示（3000億円以上）。平均PBRは平均BPRの逆数で定義。平均BPRは月次BPR（直近四半期実績自己資本／時価総額）の平均値。時価総額 = 株価 x 発行済株式数。平均ROEは期間中の単純平均（連続性は考慮していない）。このリストは推奨銘柄ではない

出所：日経、QUICK Astra Managerよりみずほ証券エクイティ調査部作成

年7月1日を効力発生日とする普通株式1：25の株式分割考慮前）と着実に増やしてきたことが評価されました。

東京海上HDは東証の要請以前からの資本コストを意識した経営（2022年の統合報告書に「修正ROE＞資本コスト」の図を掲載）、海外事業の成長（海外保険料比率は約4割）、リスク削減等が評価されていましたが、長期金利の上昇も寄与し、株価は2023年9月に上場来高値を更新しました。

富士フイルムHDは祖業のフイルム市場が大幅縮小するなか、事業部門ROICを管理しながら、ヘルスケア等の事業を拡大してきたことで、PBRが高まりました。

自動車や商社株にPBR1倍割れが多いなかで、豊田通商の平均PBRは2007～2014年度平均0・95→2015～2022年度平均1・03倍と、1倍をクリアしました。アフリカなどの新興市場での事業成長期待があり、2023年9月に上場来高値を更新しました。

∨中長期的にPBRが低下してきた企業群

逆に、中長期的に平均PBRが1倍超から1倍割れに低下した主な企業には、ホンダや日産自動車のような自動車、日本製鉄や住友化学のような素材や、川崎重工業や住友重機

図表2-5 ＞中長期的にPBR1倍超から1倍割れに低下した主な企業

コード	銘柄名	業種	時価総額（10億円）	平均PBR（倍） 2007年度~2014年度	2015年度~2022年度	平均ROE（%） 2007年度~2014年度	2015年度~2022年度
7267	本田技研工業	輸送器	8,028.3	1.21	0.70	7.9	7.7
8002	丸紅	卸売	4,120.8	1.14	0.76	15.8	10.4
5401	日本製鉄	鉄鋼	3,077.1	1.13	0.61	5.8	5.8
6971	京セラ	電機	2,723.8	1.05	0.98	5.2	4.5
7201	日産自動車	輸送器	2,624.0	1.04	0.65	7.5	3.7
7011	三菱重工業	機械	2,244.2	1.07	0.90	4.6	6.0
5713	住友金属鉱山	非鉄	1,387.2	1.18	0.95	11.8	7.4
7259	アイシン	輸送器	1,339.0	1.10	0.92	7.0	7.1
8795	T&D HD	保険	1,309.6	1.10	0.72	2.9	3.7
8601	大和証券グループ本社	証券	1,205.8	1.02	0.80	3.6	7.1
9532	大阪瓦斯	電力ガス	936.1	1.11	0.86	6.9	6.3
4005	住友化学	化学	668.4	1.09	0.91	1.3	8.7
7731	ニコン	精密	644.6	1.76	0.94	8.4	4.0
3231	野村不動産HD	不動産	631.1	1.05	0.87	6.9	9.4
7012	川崎重工業	輸送器	606.7	1.49	0.99	7.8	5.5
3289	東急不動産HD	不動産	590.5	1.39	0.87	6.6	6.6
5101	横浜ゴム	ゴム	520.7	1.08	0.83	10.0	10.1
1963	日揮HD	建設	514.5	2.06	1.00	12.4	2.1
3405	クラレ	化学	488.3	1.19	0.88	6.8	6.0
4581	大正製薬HD	医薬品	464.8	1.10	0.94	4.8	3.6
5444	大和工業	鉄鋼	449.4	1.05	0.67	8.4	6.9
6473	ジェイテクト	機械	441.3	1.06	0.80	4.1	5.5
6302	住友重機械工業	機械	417.8	1.12	0.83	8.0	7.4
9831	ヤマダHD	小売	409.3	1.06	0.84	9.8	5.6
9513	電源開発	電力ガス	403.5	1.07	0.53	5.9	6.8
6417	SANKYO	機械	396.4	1.09	0.95	6.4	4.8
7282	豊田合成	輸送器	387.5	1.16	0.89	7.6	5.8
5110	住友ゴム工業	ゴム	371.4	1.22	0.81	10.8	6.2

注：2023年8月3日時点。2007年度から2014年度の平均PBRが1倍超かつ、2015年度から2022年度の平均PBRが1倍割れの銘柄。時価総額の高い順に表示（3000億円以上）。平均PBRは平均BPRの逆数で定義。平均BPRは月次BPR（直近四半期実績自己資本／時価総額）の平均値。時価総額 = 株価 x 発行済株式数。平均ROEは期間中の単純平均（連続性は考慮していない）。このリストは推奨銘柄ではない

出所：日経、QUICK Astra Managerよりみずほ証券エクイティ調査部作成

械工業のような重機械、京セラやＳＡＮＫＹＯのようにバランスシートに効率性の面などで課題があると考えられる企業があります。

自動車や素材産業は、ＥＶ化やＧＸ（Green Transformation）化の進展等が、本業に悪影響を与えるとの懸念があるものと思われます。ただ、これらは２０２２年度までのデータに基づいており、２０２３年度に入って、ホンダや丸紅は株価が上場来高値を更新し、丸紅はＰＢＲも１倍台を回復しました。ただ、ホンダのＰＢＲは依然１倍割れです。

低ＰＢＲになっている個別企業の状況

＞ＰＢＲが０・４倍以下の事業会社

ＰＢＲが０・４倍を下回るプライム上場の企業は地銀に多いのですが、金融を除き、ＰＢＲが低い銘柄には以下のような銘柄があります（２０２３年9月5日時点のデータに基づきます）。

ゴルフダイジェスト・オンラインは２０２３年６月末時点で資産が負債を上回るので、債務超過ではありません（東証では債務超過の状態が、1年以内に解消できないと上場廃止になります）。しかし、1株当たり純資産がマイナスなので、株価÷1株当たり純資産で計算したPBRがマイナスです。ゴルフダイジェスト・オンラインは決算短信に、1株当たり純資産は、純資産の部の合計額から普通株式とA種優先株式に係る払込金額、優先配当額を控除して算定していると記載しています。

PBRが0・3倍弱の双葉電子工業は自己資本比率が75％と高いうえ、2023年度まで6期連続で最終赤字の予想です。住宅用サッシで国内3位の三協立山のPBRが0・3倍なのは、国内住宅市場の中長期的な低迷を織り込んでいるのかもしれません。PBR0・3倍強の建設用クレーン大手の加藤製作所は、プライム市場の流通株式時価総額の基準を充たしていないため、適合計画書を出しています。

PBRが0・3倍台のエイチワン、アーレスティ、ヨロズ、ユニプレスは自動車部品関連株であり、EV化にともなう本業縮小の懸念が反映されていると思われます。鉄骨・橋梁の駒井ハルテックは予想PERが約16倍と市場平均並みですが、ROEが過去3年平均2・6％、2023年度予想も2・4％と低いことが、0・3倍台のPBRにつながっています。中越パルプ工業、三菱製紙、日本製紙等の紙パ企業も低PBRランキングに入りました。紙パ需要の中長期的な減少懸念があります。

PBRが0・3倍の会社が0・4倍になるだけで、株価は約1・3倍に上昇します。P

時価総額（10億円）	年初来株価変化率（%）	22年度	23年度東洋経済予想		
		実績PBR（倍）	予想PER（倍）	純利益変化率（% YoY）	予想ROE（%）
12.8	-53.9	-2.85	20.9	79.9	38.8
21.5	-4.5	0.29	NA	赤字	NA
24.9	49.6	0.30	15.2	312.7	2.0
14.1	69.0	0.31	7.0	-16.8	4.4
21.8	24.7	0.31	11.5	黒字	2.8
13.9	-19.8	0.32	10.7	黒字	3.1
24.0	-35.0	0.33	NA	赤字	NA
19.1	60.9	0.34	15.2	黒字	2.2
22.3	28.2	0.34	14.9	5.5	2.4
10.6	43.9	0.34	17.6	82.9	2.0
69.5	61.1	0.34	12.2	254.0	2.8
18.1	41.0	0.34	6.9	-14.8	5.0
24.7	23.4	0.34	4.4	56.6	7.8
20.5	12.6	0.34	37.4	21.7	1.0
50.3	38.4	0.35	15.2	32.9	2.5
46.4	5.8	0.35	8.3	3.8	4.6
25.9	104.6	0.35	5.6	黒字	6.4
40.5	27.3	0.36	9.4	114.3	3.8
23.8	17.9	0.36	11.3	-24.0	3.2
25.0	-7.1	0.36	9.6	-36.9	3.8
12.6	10.0	0.37	18.0	-55.4	2.1
47.8	7.0	0.37	12.8	-80.7	2.8
21.0	4.7	0.37	NA	赤字	NA
29.4	15.2	0.38	20.3	15.1	2.1
58.4	27.2	0.38	6.3	7.5	6.7
21.3	14.9	0.38	16.4	黒字	2.6
152.1	34.2	0.38	10.1	黒字	3.8
22.3	7.2	0.39	17.1	53.3	2.5
422.8	10.2	0.39	5.6	-33.2	7.0
349.3	38.9	0.40	13.4	-44.5	3.1
17.0	9.2	0.40	17.0	17.0	2.4
27.7	3.8	0.40	16.3	25.6	2.5

図表2-6 > PBRが0.4倍以下の事業会社

コード	銘柄名	業種	株価（円）
3319	ゴルフダイジェスト・オンライン	小売	699
6986	双葉電子工業	電機	507
5932	三協立山	金属製品	790
6390	加藤製作所	機械	1,198
5989	エイチワン	金属製品	767
7236	ティラド	輸送器	2,075
5541	大平洋金属	鉄鋼	1,228
5852	アーレスティ	非鉄	732
7294	ヨロズ	輸送器	890
5915	駒井ハルテック	金属製品	2,130
5482	愛知製鋼	鉄鋼	3,495
3877	中越パルプ工業	紙パ	1,352
5017	富士石油	石油石炭	316
4228	積水化成品工業	化学	437
5949	ユニプレス	輸送器	1,049
8281	ゼビオHD	小売	969
3864	三菱製紙	紙パ	579
4116	大日精化工業	化学	2,176
8881	日神グループHD	不動産	507
6310	井関農機	機械	1,089
3109	シキボウ	繊維	1,066
7003	三井E&S	機械	411
4968	荒川化学工業	化学	1,015
2108	日本甜菜製糖	食品	1,918
8037	カメイ	卸売	1,553
5902	ホッカンHD	金属製品	1,578
3863	日本製紙	紙パ	1,308
6794	フォスター電機	電機	891
9513	電源開発	電力ガス	2,310
4676	フジ・メディア・HD	情報通信	1,492
4092	日本化学工業	化学	1,904
9405	朝日放送グループHD	情報通信	663

注：2023年10月31日時点。実績PBRが0.4倍以下の東証プライム企業（金融を除く）。このリストは推奨銘柄ではない
出所：QUICK Astra Managerよりみずほ証券エクイティ調査部作成

BRが0・4倍以下の銘柄は時価総額も小さいので、機関投資家の取引やエンゲージメントの対象になりにくいでしょうが、個人投資家であれば投資可能でしょう。

＞高ROEでも低PBRの素材産業

素材企業を中心に高ROEでも、PBR1倍割れの企業が相次いでいます。PBR＝ROE×PERなので、高ROEなのに低PBRの企業はPERが低くなっています。

素材産業には半導体材料等を除くと、成長期待が低い企業が多いことや、将来的に脱炭素で収益力が低下するとの懸念が根強いのでしょう。以下に、代表的な高ROE&低PBRの企業を紹介します。

＞日本曹達はROEが10%だが、PBRは約0・9倍

農薬と化学品を主要製品とする日本曹達は、2023年3月期までの長期ビジョンのStage Ⅰで、利益、株主還元、ROEなどの目標をすべて超過達成し、ROEは10%を超え（一過性要因を除くと9・5%）、税引前ROICも2020年3月期4・8%→2023年3月期8%に上がったにもかかわらず、PBRは約0・9倍（2023年10月末時点）にとどまります。

会社はStage Ⅰの成果として、医薬品添加剤や殺菌剤などの成長ドライバー事業が計画どおりに拡大し、上場政策保有株式が2019年3月末の52銘柄から2023年3月末には31銘柄に削減したことなどを挙げました。

2023年5月10日に発表した新中期経営計画「かがくで、かがやく。Stage Ⅱ」では、2026年3月期のROE目標は現状並みの10％にとどめましたが、2030年3月期のStage Ⅲの目標は2020年2月時点のKPIの8％以上から12％に引き上げました。ROI（Return On Investment）を重視した成長戦略と徹底した構造改革により、効率的な事業構造に変革し、利益効率を2倍以上にすることを基本戦略に掲げました。

具体的な事業計画として、医薬品添加剤や半導体フォトレジストの拡販、海外展開の推進などを挙げています。

ただ、週刊ダイヤモンド2023年5月13日号が「農薬最大手が〝環境規制〟契機に攻勢：『20年遅れ』国内企業は劣勢に」で報じたように、日本の農薬メーカーは再編が遅れ、規模も小さいことから、将来的なR＆Dが十分確保できず、国内市場も欧米主要メーカーの草刈り場になるとの恐れが、日本曹達が高ROEにもかかわらず、低PBRになっている一因かもしれません。

時価総額（10億円）	年初来株価変化率（%）	22年度		23年度東洋経済予想	
		実績PBR（倍）	実績ROE（%）	予想PER（倍）	予想ROE（%）
3,026.4	56.3	0.75	12.7	9.0	8.9
279.6	33.9	0.66	16.9	8.2	8.0
698.9	23.6	0.86	14.2	7.7	11.3
642.0	23.9	0.93	10.1	9.9	9.9
755.8	26.5	0.91	11.1	9.0	10.7
1,018.4	11.4	0.62	16.8	9.2	6.2
485.9	57.6	0.9-1	13.8	8.8	10.4
3,071.4	41.0	0.71	18.1	7.3	10.0
254.5	35.8	0.68	10.4	8.0	8.7
1,226.1	-9.7	0.71	10.4	23.1	3.2
799.5	7.8	0.95	10.8	11.1	9.9
210.8	17.9	1.00	11.0	15.1	8.6
1,290.9	7.3	0.98	12.1	7.6	13.0
719.2	-5.4	0.90	24.0	6.5	13.7
899.7	41.7	0.62	10.4	5.7	11.0
1,968.7	26.2	0.93	10.0	7.6	11.9
3,594.0	33.8	0.96	16.2	7.5	12.7
368.9	41.3	1.00	11.1	8.6	11.7
233.7	43.0	0.88	11.8	7.5	11.8
1,875.9	18.2	0.75	48.3	8.5	8.9
1,406.1	18.0	0.73	49.8	6.5	11.2
1,289.4	84.5	0.84	57.9	10.7	7.9
422.8	10.2	0.39	11.4	5.6	7.0
1,469.4	30.7	0.94	20.0	14.5	6.5

図表2−7 > ROEが10%超でPBRが1倍割れの主な企業

コード	銘柄名	業種	株価（円）
1605	INPEX	鉱業	2,183
1662	石油資源開発	鉱業	5,150
2768	双日	卸売	3,106
3231	野村不動産HD	不動産	3,505
4183	三井化学	化学	3,763
5019	出光興産	石油石炭	3,419
5021	コスモエネルギーHD	石油石炭	5,500
5401	日本製鉄	鉄鋼	3,232
5471	大同特殊鋼	鉄鋼	5,858
5713	住友金属鉱山	非鉄	4,216
6724	セイコーエプソン	電機	2,077
6960	フクダ電子	電機	5,380
7202	いすゞ自動車	輸送器	1,661
7211	三菱自動車工業	輸送器	483
7261	マツダ	輸送器	1,424
7270	SUBARU	輸送器	2,560
8053	住友商事	卸売	2,939
8424	芙蓉総合リース	他金融	12,180
8425	みずほリース	他金融	4,770
9101	日本郵船	海運	3,677
9104	商船三井	海運	3,883
9107	川崎汽船	海運	5,143
9513	電源開発	電力ガス	2,310
9531	東京瓦斯	電力ガス	3,379

注：株価は2023年10月31日時点。時価総額2000億円以上の東証プライム企業。2022年度実績PBRが1倍割れ、実績ROEが10%超。このリストは推奨銘柄ではない
出所：QUICK Astra Managerよりみずほ証券エクイティ調査部作成

✓三菱ガス化学はROEが8％超だが、PBRは約0・7倍

三菱ガス化学は2021～2022年度に2年連続で8％超のROE（5年平均でも約8％）を達成しましたが、PBRは約0・7倍にとどまります。

2023年5月12日の決算説明資料で、中期経営計画の2023年度目標のROE9％以上は達成される見込みであるものの、ROIC10％以上の目標は未達になるとの見通しを示しました。事業ポートフォリオの改革の成果もあり、2021～2022年度はROE－株主資本コストおよびROIC－WACCはプラスとの認識を示しました。資本コストを意識した収益性をさらに向上させ、PBRをなるべく早期に1倍以上に改善し、中長期的にさらに高めていきたいと述べました。

みずほ証券の山田幹也アナリストは2023年6月の社長スモールミーティングで、「売上目標よりも利益目標にこだわる」、「資本効率をより重視する」、「従来を超える思い切った構造改革に取り組む」との藤井政志社長の発言が好印象だったと述べました。

✓KPPグループHDはROE25％でもPBRが約0・7倍

KPPグループHDは会社設立が1924年と古いのですが、上場は2018年と遅い企業です。2022年10月に国際紙パルプ商事から、KPPグループHDに社名を変更し

ました。

グローバルM&Aが奏功して、売上規模で2022年3月期にライバルの日本紙パルプ商事を上回りました。2019年にオーストラリアのSpicers、2020年にフランス最大手の紙商のAntalisを買収しました。そうした結果、KPPグループHDの2022年3月期の売上は5634億円と、米国2社に続いて、紙・パルプ（以下、紙パ）の卸売業として世界3位になっています。

日本には紙パの総合代理店は3社しかありません。とはいえ、同社の2023年3月期の営業利益率は3％程度と、大手総合商社の4〜5％より低くなっています。

2022年6月に発表した第3次中期経営計画で、2025年3月期の売上6500億円、営業利益145億円、ROE12％以上を目指していましたが、2023年3月期に売上6597億円、営業利益204億円、ROE25・4％と超過達成しました。しかし、2024年3月期会社予想ベースPERは4・4倍、2023年3月期の実績PBRは約0・7倍にとどまります。海運株や鉄鋼株のように、2022年度の好業績をインフレに伴う一時的なものと株式市場が捉えている可能性があるでしょう。

同社は海外M&Aで成長しているにもかかわらず、国内紙パ関連企業＝構造不況とのイメージも払拭できていません。そのため、同社は知名度向上に努め、環境に優しい企業としてもアピールしています。

ＫＰＰグループＨＤは、２０２３年6月7日に発表した決算説明資料で、ＲＯＥ25・4％－株主資本コスト7・8％＝エクイティ・スプレッド＋17・6％、ＲＯＩＣ8・6％－ＷＡＣＣ3・2％＝ＥＶＡスプレッド（企業の本質的な収益力が資本調達コストをどれだけ上回っているかを示す指標）＋5・4％であるファクトを記載したうえで、「利益率の高いビジネスの拡大、資本コストを上回る事業への投資、事業ポートフォリオの組み替え、最適資本構成による資本コストの低減など、今後も資本コストを上回るパフォーマンスを継続し（ＲＯＥは12％以上）、持続的な株主価値の創造に努め、ＰＢＲ1倍超えを目指す」と述べました。

水産各社はＲＯＥが10％超でもＰＢＲ1倍割れ

極洋、ニッスイ、マルハニチロの水産3社は、２０２２年度ＲＯＥがいずれも10％を超えているのに、ＰＢＲが1倍割れになっていたのは低ＰＥＲが理由です。

ニッスイは２０２３年度1Ｑの大幅増益が好感されて、株価が急騰し、ＰＢＲ1倍をぎりぎり達成しました。なお、コーポレートガバナンス報告書にＰＢＲ対策について記載しませんでしたが、コーポレートガバナンス・コードの原則をすべて実施しているとしていました。

ＰＢＲが約０・９倍の極洋はコーポレートガバナンス報告書に「ＰＢＲ向上に向けた対応策については、現状分析を実施しており、取り組みがまとまり次第、速やかに開示する」と記載しました。

予想ＰＥＲが７・１倍、ＰＢＲが０・７倍のマルハニチロは、コーポレートガバナンス報告書の原則５－２に、「企業価値の創造にあたり、事業の継続性を担保する土台となる経済付加価値額として、投下資本利益率と加重平均資本コストの差に、投下資本を乗じ算出したものを指標にし、取り組んでいる」と記しました。

①日本の水産生産量はピークだった１９８５年の１２００万トンから、いまは３８６万トンと３分の１以下に減少していること、②世界的な魚の獲り過ぎによる水産資源の枯渇懸念があること、③日本では１人当たりの肉の消費量が増える一方、魚の消費量が減少していることなどが、水産関連株の低バリュエーションにつながっていると考えられます。

∨センコーグループHDはPBR低下の理由を分析

運輸のセンコーグループＨＤ（ＰＢＲ０・９６倍）が２０２３年7月7日に発表したコーポレートガバナンス報告書に張ったリンクをクリックすると、６月発表の「資本コストや株価を意識した経営の実現に向けた対応に関するお知らせ」に到達します。

そこに、「当社のＲＯＥはおおむね10％以上で推移しており、株主の負託に応える資本効率を達成している。ＰＢＲが低下傾向にある理由は、営業利益率の向上が緩やかである点や株主還元方針が抽象的である点、成長戦略に関して株主や投資家の理解を十分に得られていない点などが影響している」と記して、営業利益率の向上、２０２７年３月期までに配当性向40％、成長戦略の詳細説明に取り組むとしました。

センコーグループＨＤは２０２２~２０２６年度の中期経営計画に、配当方針として「安定配当に加え、業績連動を考慮した配当の実施並びに配当性向の向上」としか書いていなかったので、株主還元方針はより明確化したといえます。センコーグループＨＤに対しては、英国のバリューファンドのマラソン・アセットマネジメントが、２０２３年11月20日に５・１％で大量保有報告を出しました。

CHAPTER 3

東証の要請に対する企業の対応状況と投資家からの評価

COUNTERSTRIKE BY
LOW PBR
STOCKS

企業の対応状況と投資家の反応は？

∨2023年7月中旬時点で東証の要請に応えたプライム企業は2割

東証は2023年8月29日に「市場区分の見直しに関するフォローアップ会議」を開催し、3月末に要請した「資本コストや株価を意識した経営の実現に向けた対応」の7月14日時点での企業の対応状況の集計結果を発表しました。

それによれば、すでにプライム市場の31％、スタンダード市場の14％が取り組み等を開示したと述べました。ただ、このなかには「検討中と開示」した企業をそれぞれ11％、10％含むため、既開示はそれぞれ20％、4％にとどまりました。

この数字を多いと感じるか少ないと感じるかは投資家によって異なるでしょう。東証が具体的な期限を定めておらず、かつ3月末から7月中旬まで3カ月半しか経っていないのに、進捗状況はまずまずと考える関係者もいるでしょうし、逆に、東証が真剣に要請したのに2割しか対応していないのかと思う投資家もいるでしょう。

東証は10～11月の中間決算発表、最終的には要請から1年が経つ2023年度末までに、より多くの企業が対応することを期待しているようでした。

＞低PBRで時価総額が大きい企業ほど取り組み状況が良い

プライム企業のPBR・時価総額水準別の開示状況を見ると、PBRが低い企業・時価総額が大きい企業ほど開示が進展しました。

PBR1倍未満かつ時価総額が1000億円以上のプライム企業では45％が開示しました（既開示31％＋検討中14％）。一方、PBRが1～2倍の企業の開示率は23％（同16％＋7％）、2倍以上の企業の開示率は19％（同

図表3－1 ＞東証の「資本コストや株価を意識した経営の実現に向けた対応」の要請への対応状況

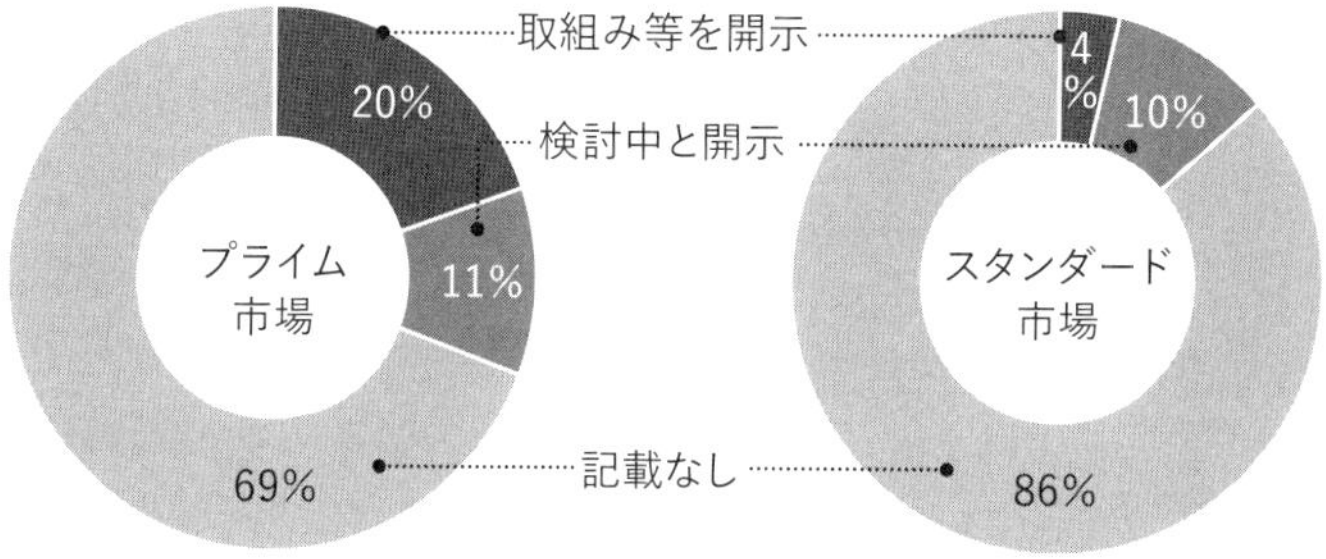

注：3月期決算企業を対象に、2023年7月14日時点のコーポレートガバナンス報告書等の内容に基づき集計。プライム市場は1235社、スタンダード市場は887社
出所：東証よりみずほ証券エクイティ調査部作成

15％＋4％）にとどまり、PBRが1倍を超えていれば問題ないと考えている企業が多いことを示唆しました。

改善に向けた取組内容としては、成長投資や株主還元の強化、サステナビリティへの対応、人的資本投資、事業ポートフォリオの見直しが多いのですが、ROEが比較的高くてもPBR1倍未満の企業ではIRの強化を掲げたプライム企業も多くありました。

業種別の開示状況では、銀行の約7割が開示（検討中を含む）した一方、平均PBRが高い情報通信、サービス、小売などで相対的に開示が進みませんでした。

株式の所有状況別では、PBR1倍未満の企業であっても、株式所有状況に偏りが

図表3−2 ＞ プライム企業のPBR・時価総額水準別の開示状況

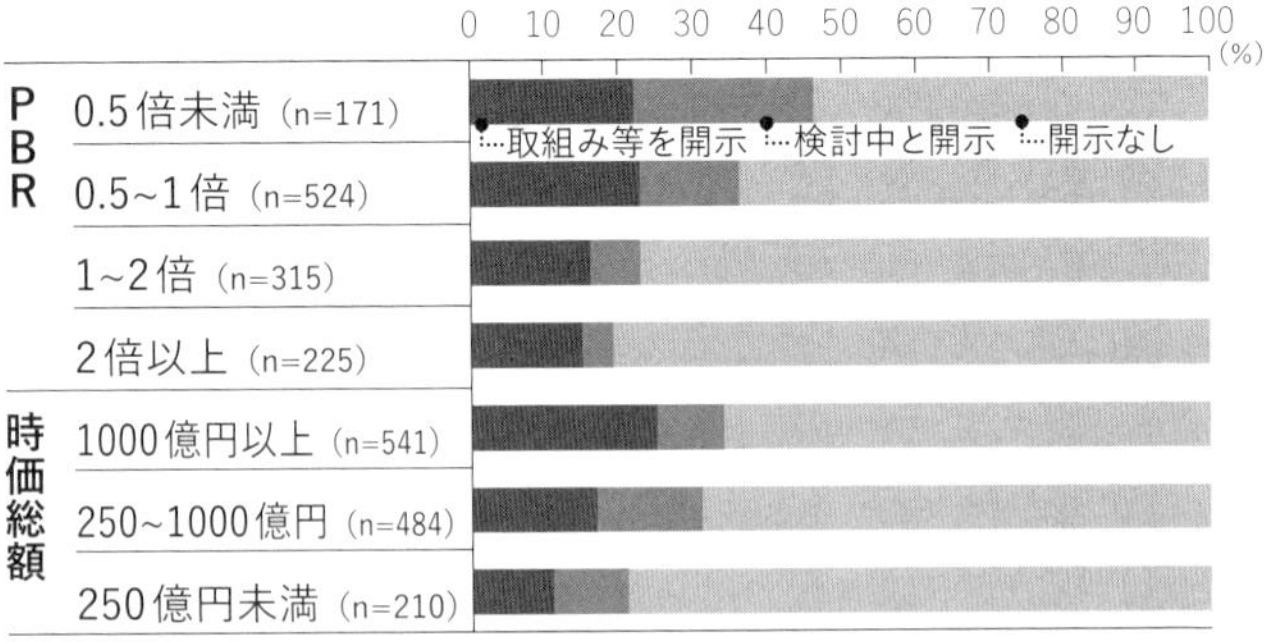

注：3月期決算企業を対象に、2023年7月14日時点のコーポレートガバナンス報告書等の内容に基づき集計
出所：東証よりみずほ証券エクイティ調査部作成

ある企業、とくに支配株主を有する企業は相対的に開示が進んでいません。

投資家は何を求めているのか?

東証の2023年3月末の要請の発表を受けて、「QUICK月次調査2023年5月号」は、金融庁のアクション・プログラムと東証のPBR改善要請の取り組みに関して、市場関係者（投資家）に対してアンケート調査（回答者数は115〜117人）を行ないました。主な質問3点に対する回答は以下のようなものでした。

①金融庁がガバナンス改革の実質化に向けて、2023年4月にまとめたアクション・プログラムにおいて最優先に取り組むべき課題

この質問については、「資本コストを踏まえ、収益性や成長性を高める事業ポートフォリオの見直し」を優先的に取り組むべきとの意見が77%と断トツに多く、2位の回答だった「大量保有報告の範囲の整理や実質株主の透明化」の8%の約10倍に上りました。

PBR向上策として、ROE目標の引き上げ、株主還元強化、事業ポートフォリオの見直しを含む対策を発表する企業が多いのですが、株価押し上げ効果が一時的にとどまる可能性がある株主還元より、持続的な企業成長につながる事業ポートフォリオの見直しを求める投資家が多いといえます。

②ガバナンス改革をどのように進めるのが望ましいか

この質問については、「投資家のエンゲージメント活動を通じて進めるべき」との意見が31%と最多で、「政府主導の取り組みをさらに強化すべき」の20%を上回りました。

時価総額が小さい企業からエンゲージメントを求められても、対応する人的・時間的な余裕がないと述べていた運用会社が多かったため、「投資家のエンゲージメント活動を通じて進めるべき」との意見が最多だったのは意外でした。

③東証のPBR改善要請でどのような現象が起きるか

この質問については、1位が「自社株買いの大幅増加」の42%、2位が「価値向上に向けた企業の実力不足が顕在化」の26%、3位が「アクティビストの活動が活発化」の12%の順でした。

実際、4～5月の決算発表で、自社株買いの発表は大きく増えました。市場関係者から個別の意見として、「東証のPBR改善要請を受けて、足元では企業の株主還元強化姿勢が強まった。日本企業は、腰は重いが、いったん動きが出てくれば、多くが『右へならえ』的に追随する傾向がある」、「即効性は期待できないものの、10年後に振り返れば『あれが転機だったのかな』ということになると思う」とのポジティブな意見がありました。

短文で具体性に乏しい対応策は投資家から評価されにくい

東証は資本コストや株価を意識した経営の要請への対応内容について、企業の自主性に任せているので、コーポレートガバナンス報告書に資本コストや株価を意識した経営に関する記述があれば、対応したと見なしたと思われます。ただ、コーポレートガバナンス報告書は元々、表層的な対応や官僚的な文章が目立ちますが、そうした形式的な表現は投資家から評価されないため、具体策の記述が必要と考えます。わかりやすい図表を使ったプレゼン資料が評価されます。

ホシデン（2023年10月末のPBR約0・7倍）が、2023年5月12日に発表した「PBR1倍に向けた取り組みに関するお知らせ」は、①株主還元～配当性向30％を維持しながら、3年間で100億円以上の自己株式の取得、②政策保有株式の売却、③投資家との対話推進の3本柱でしたが、説明資料は1ページでした。

医薬卸の東邦HD（同約0・9倍）が2023年5月12日に発表した中期経営計画2023～2025年（3ページ）には、「次代のあるべき姿」として、PBR1倍以上、ROE8％以上、DOE（株主資本配当率）2％以上が挙げられましたが、具体策に欠けました。

スタンダード市場上場の特殊ネジ大手のサンコーテクノ（同約0・6倍）は、2023年6月1日に発表した決算説明資料に、「既存事業のさらなる成長およびM&A戦略の推進により、資本効率を意識した経営を実行、安定増配とIR活動の推進を通じて、PBR1倍以上の早期回復を目指す」と2行で記述しました。

倉庫のヤマタネ（同約0・5倍）も2023年6月21日に発表したコーポレートガバナンス報告書で、「中期経営計画の策定・公表に当たっては、自社の資本コストを意識し、収益計画や資本政策の基本的な方針を示すとともに、事業ポートフォリオの見直しや経営資源の配分等に関し、その内容を具体的に説明する」と2行で説明しました。

PBRが約0・7倍の東洋エンジニアリングは2023年7月11日に発表したコーポレートガバナンス報告書の原則5－2で、「事業ポートフォリオに関する基本的な方針については、中期経営計画における記載の通りです」と記載しましたが、その中期経営計画へのリンクはありませんでした。

外国人投資家は東証の要請を歓迎

2023年4月以降外国人投資家の日本株買越額が急増

外国人投資家は日本株の約3割の株式を保有し、東証の売買代金の6〜7割を占め、日本株式市場は外国人投資家次第という状況に変わりありません。

2021年10月に岸田内閣が発足した後、外国人投資家は日本株を売り越し基調でしたが、東証が2023年3月末に資本コストと株価を意識した経営の要請を出した後、4〜6月の外国人投資家の買越額は7・4兆円（現物+先物）にも達しました。東証の施策だけでなく、4月に就任した植田和男日銀総裁がハト派的なトーンを打ち出し、円安になって業績上方修正期待が高まったことや、ウォーレン・バフェット氏が日本

図表3-3 > 岸田政権下での外国人投資家の日本株買越額

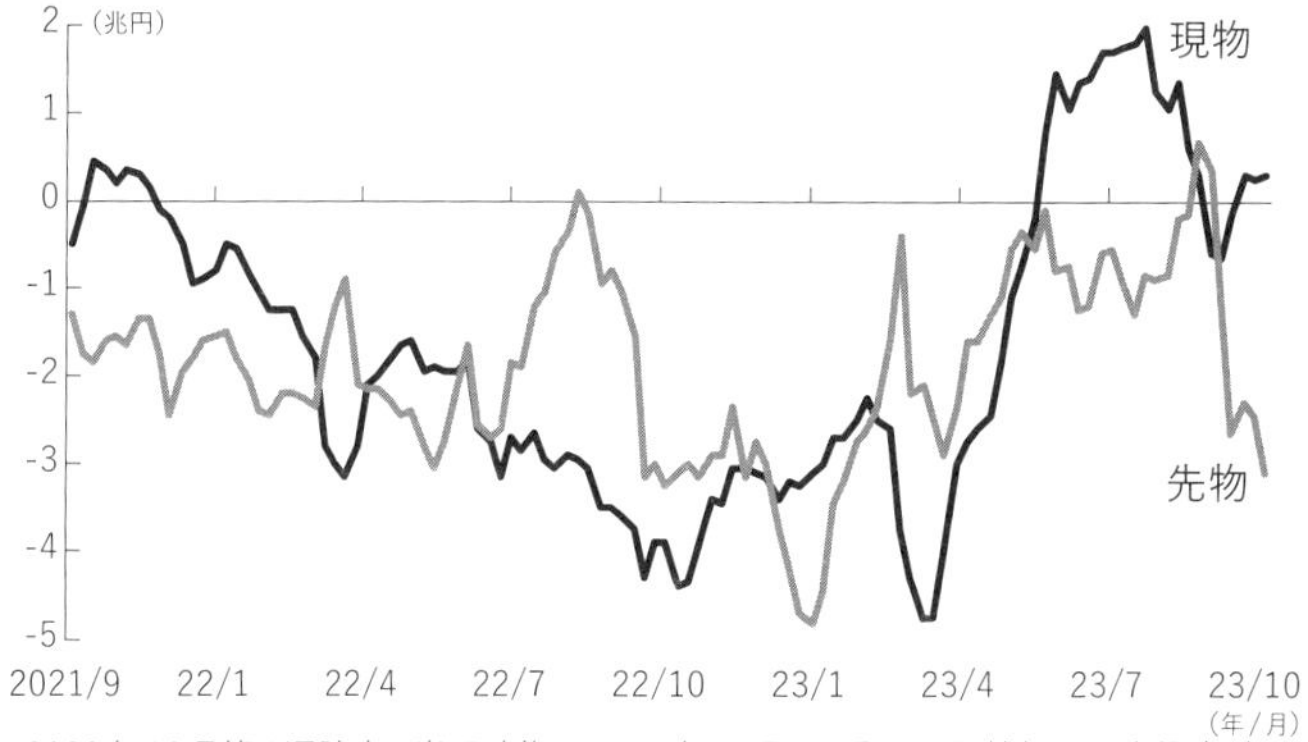

注：2023年10月第4週時点、岸田政権は2021年10月4日発足、買越額は二市場合計
出所：東証よりみずほ証券エクイティ調査部作成

の5大商社株を買い増したことも、外国人投資家による日本株の大幅な買い越しにつながりました。

中国経済の回復が芳しくないため、アジア株ポートフォリオのなかで、中国株を減らして、日本株を増やした外国人投資家もいました。

反応したのはマクロヘッジファンドやアジア・中東の投資家？

外国人投資家の日本株買越額が急増したとはいえ、米国の外国株に投資する主要なミューチュアルファンドは3月末～6月末に日本株比重をほとんど増やしていなかったので、4～6月に日本株を買ったのは、マクロヘッジファンドやアジア・中東の投資家ではないかとの見方がありました。

東証は月次で外国人投資家の地域別の売買状況の統計を発表していますが、欧州投資家の売買シェアが8割近くに達する一方、米国投資家が同1割未満になるなど、証券会社の肌感覚とは異なるデータになっています。

アジアの投資家の勢いが増しているのは事実ですが、みずほ証券エクイティ調査部は米国投資家の影響力が最も大きいとの印象を抱いています。ただ、米国投資家は2013年にアベノミクスが始まった初期に比べれば、今回日本株への熱狂度が低いようにも感じられました。米国投資家はアップルなど時価総額が数百兆円もある株式を売買しているため、ほとんどの日本株は、運用資産が大きい米国投資家にとっては小型株にしか見えないという問題が関係しているかもしれません。

私は2023年2月に中東・欧州、10月に香港・シンガポールの投資家を訪問しましたが、米国のセールスから要請がないため、コロナ禍以降、米国投資家を訪問していません。

外国人投資家から日本株の割安さを指摘する声は多い

2023年8月9日の日経新聞のインタビュー記事で、スイスに本拠があるクアエロキャピタルのローワン・チャップリン氏は、「日経平均が33年ぶりの高値に上昇した理由として、東証が上場企業にPBRの引き上げを働きかけた影響が大きい、日本株にはPBRが割安な銘柄が多い」として、東証の施策を評価しました。

ロンドンのウェイバートンのステファン・ラインヴァルト氏は、私もロンドンに出張するといつもお会いする投資家ですが、日本株上昇の条件として、「日本企業が資本効率に取り組む姿勢を示し続けることだ。日本の個人や機関投資家が日本株の魅力に目覚めて投資を拡大すれば、上値を期待できる」と述べました。外国人投資家は2024年からのNISA拡大で、個人投資家の日本株投資が増えると期待しています。

シンガポールのイーストスプリングは東証の施策を評価

シンガポールのバリューファンドのイーストスプリングは、2023年8月の情報提供資料「日本株投資：条件は整ったか？」で次のように述べています。

・日本株の2023年6月末のPERは過去10年平均並みの約14倍だが、CAPE（景気調整PER）は依然として過去平均を下回る水準にある。

・PBRは日本株が1・5倍と、欧州株の1・9倍や米国株の4・3倍より割安だ。日本株のバリュエーション水準は超格安というよりは魅力的な水準と評価している。

・東証は2023年1月にPBRの低迷が続く企業に対して、バランスシートの改善計画を開示するよう勧告し、日本企業への圧力を強めた。我々は、コスト削減やリストラを発表する企業が増えることをポジティブに見ている。

・日本は「横並び文化」が根付いているため、経営陣の多くは東証の目標に沿うようモチベーションを高め、将来的に株主重視の姿勢を強めると予想される。

・東証からの改善要請の後押しとは別に、日本企業はアクティビストの動きの活発化からも圧力を受けている。株主からの積極的な経営関与は、経営陣の質の向上をさらに促進する。

・日本企業の約半数はPBR1倍割れで取引されており、非金融企業においては手元資金から有利子負債を差し引いたネットキャッシュが自己資本の20％を超える企業の割合が約4割に達している。このことは、自社株買いが勢いを増すなか、投資家にとって魅力的な投資機会が豊富にあることを示唆する。

・日本企業が株式持合を半減させ、ネットキャッシュ÷株式時価総額が欧州並みの水準になれば、ROEを現在の8～9％から11～12％に改善できる。PBRも調整され、欧州並みの水準に向上しよう。

・日本企業はデフレ環境、資本配分や事業ポートフォリオの焦点不足、業界内の統合不足のため、営業利益率が低い傾向にあった。

・日本がデフレから脱却するための最高のチャンスが到来している。インフレ率が40年ぶりの高水準へ上昇するなか、個人投資家は資産価値を守る必要性に気づき始めている。

・日銀の金融政策の正常化が日本株の長期投資を損なうとは考えておらず、長期的な構造的追い風が数多くあるため、日本株は底堅いだろう。

＞英国のＧＬＧは「今回は日本株式会社を大きく変える」と評価

英国の上場運用会社のマングループ傘下のＧＬＧはバリュー株運用を信条にしています。その運用拠点はロンドンではなくヨークにあり、コロナ前には私も度々ロンドンから電車で訪問していましたが、2023年3月にHP上で「This Time Is Different: Japan Value and Corporate Governance」との見方を掲載しました。その内容は以下のようなものです。

・TOPIXの株式の約半分が簿価以下で取引されており、この比率は20年前と同じだ。これに対して、S&P500企業のPBR1倍割れは3%しかない。

・一般的にバリュー株はグロース株より、割安に取引されている。そのため、低バリュエーションの企業をターゲットにした東証の施策は、バリュー株の恩恵になる。ラッセル野村トータル・バリュー指数の組入銘柄の65%がPBR1倍割れになっているのに対して、ラッセル野村トータル・グロース指数の場合は組入銘柄の6%だけである。

・銀行、エネルギー、鉄鋼のような典型的なバリュー業種の9割以上がPBR1倍割れとなっている。

・PBR1倍割れ企業のROEは低い。PBR1倍割れの企業は、資本コストを上回るROEを達成する必要がある。ベンチマークとなる資本コストは8%だ。東証プライム企業で8%未満のROEの企業は48%に達する一方、S&P500企業でROE8%未満は13%に過ぎない。

・日本企業がROEを改善する施策としては、①余剰資金や政策保有株式の削減、②事業の収益性改善、③コア事業にフォーカスし、低採算の子会社を減らすことが挙げられる。
・基調的な収益性を改善するためには、コスト構造やビジネスモデルの変革など長期的な仕事が必要になる。一方、現金を減らして、自社株買いを増やすことは短期間に簡単にできる。
・日本の過去の株主価値を増やすためのコーポレートガバナンス改革の成功は限定的だった。しかし、2023年の東証の低PBR改善要請は、日本株式会社を大きく変えるきっかけとなり、より良いコーポレートガバナンスが達成されるかもしれない。

日本株は中長期的に上昇する可能性が大きい

日本株に強気の外国人投資家が増加

2023年9月初めにみずほ証券は、外国人投資家向けの日本株投資セミナー「Japan Alpha Conference（JAC）」を開催しました。同じ時期にBofA証券も同様のセミナーを開催したため、アジアの投資家を中心に多くの外国人投資家が来日しました。日本株のベテラン投資家から、投資経験の少ないフレッシュな投資家もいました。

私は外国人投資家と一緒に東証、金融庁、経産省を訪問する政府ツアーも行ない、低PBR対策、大量保有報告制度の見直し、新たなM&Aの指針などを議論しました。

日本株のポジションを保有している利害関係者が多いこともあり、ミーティングした外国人投資家はおおむね日本株に強気でした。

①マイルドなインフレと賃上げの好循環が起きて、企業の値上げ環境が整い、名目GDP成長率が高まること、②東証の要請の結果、日本企業に資本コストを意識した経営が浸透し、ROEがトレンドとして上昇すること、③予想PERが15倍程度と低いので、バリュエーション上のダウンサイド・リスクが低いことなどが強気の理由でした。

外国人投資家の日本株投資における関心事

外国人投資家の個別の質問事項には、以下のようなものがありました。

・個人消費を中心とした内需回復はどのようにして軌道に乗るのか?
・日銀の金融政策の行方と為替見通し、将来的なETFの処分法
・長期金利が大きく上昇した場合、巨額の財政赤字は持続可能か?
・中国経済減速の日本の企業業績への影響や日中関係悪化とインバウンド関連株の行方

・日本企業はなぜ余剰金融資産や持合株を保有しているのか？
・2024年のNISA拡大で、個人投資家はどれほど日本株投資を増やすか？
・個人投資家に好まれる銘柄は何か？
・日本のバリュー相場はいつまで続くか？
・急落したマザーズ（現グロース市場）の銘柄は買い場か？
・東証は企業の資本コストを意識した経営の対応状況をどのようにチェックするのか？
・東証は要請ではなく、義務にすべきではないか？
・銀行のPBR目標は達成可能なのか？
・日系運用会社は、企業のPBR1倍達成を手助けするため、議決権行使のROE基準を引き上げるべきではないのか？
・大量保有報告制度の見直しで、協働エンゲージメントはやりやすくなるのか？
・日本で遅れてきた業界再編は起きるのか？

なお、ベテランの外国人投資家は日本企業が緩やかにしか変わらないことを理解していますが、日本株投資を始めたばかりの外国人投資家には、日本企業がスピーディーに変わることを期待している人もいました。

日本株が史上最高値を更新するのは2025年頃か？

ＪＡＣに参加するために来日した外国人投資家は、中長期の見通しに関心が高いようだったため、２０２６年度までの長期の企業業績と株価指数の見通しをつくりました。日本企業はデフレ下でもコスト削減や海外展開の強化等によって増益基調を維持してきましたが、マイルドなインフレが定着することで、名目ＧＤＰ成長率が高まり、利益を出しやすい環境になると期待されます。値上げ→利益増→賃上げ→消費増の好循環が起きることが望まれます。

プライム企業の純利益の２０２２年度までの20年間の年平均伸び率は約10％だった一方、15年平均であれば約５％でした。それを前提に、プライム企業の純利益変化率予想は２０２３年度＋８・２％の後、２０２４年度は米国経済の減速（ただし、ソフトランディング）を前提に＋５・０％、世界経済が再び加速すると予想される２０２５年度は＋７％、２０２６年度は＋８％とします。

適用ＰＥＲについては、過去15年平均の15倍に対して、資本コストを意識した経営が定着すれば、17倍もあり得るでしょうが、平均16倍を使いました。

東証の２０２３年7月14日時点の集計では、低ＰＢＲ対策要請にすでに応えたプライム企業は全体の20％にとどまったので、資本コストを意識した経営がどれほど定着するかを

図表3-4 > PERとNTレシオ別のTOPIXと日経平均のフェアバリュー

	2023年度ベース				2024年度ベース			
TOPIXの予想EPS	147.5				153.3			
TOPIXの予想ROE（%）	9.0				9.3			
適用PER	TOPIXのフェアバリュー	日経平均のフェアバリュー			TOPIXのフェアバリュー	日経平均のフェアバリュー		
		NTレシオ=13.75	NTレシオ=14.0	NTレシオ=14.25		NTレシオ=13.75	NTレシオ=14.0	NTレシオ=14.25
PER=13倍	1,917	26,363	26,843	27,322	1,993	27,406	27,904	28,402
PER=14倍	2,065	28,391	28,908	29,424	2,146	29,514	30,050	30,587
PER=15倍	2,212	30,419	30,972	31,526	2,300	31,622	32,197	32,772
PER=16倍	2,360	32,447	33,037	33,627	2,453	33,730	34,343	34,956
PER=17倍	2,507	34,475	35,102	35,729	2,606	35,838	36,490	37,141

	2025年度ベース				2026年度ベース			
TOPIXの予想EPS	164.0				177.2			
TOPIXの予想ROE（%）	9.6				10.1			
適用PER	TOPIXのフェアバリュー	日経平均のフェアバリュー			TOPIXのフェアバリュー	日経平均のフェアバリュー		
		NTレシオ=13.75	NTレシオ=14.0	NTレシオ=14.25		NTレシオ=13.75	NTレシオ=14.0	NTレシオ=14.25
PER=13倍	2,133	29,324	29,857	30,390	2,303	31,670	32,246	32,821
PER=14倍	2,297	31,580	32,154	32,728	2,480	34,106	34,726	35,346
PER=15倍	2,461	33,835	34,450	35,066	2,658	36,542	37,206	37,871
PER=16倍	2,625	36,091	36,747	37,403	2,835	38,978	39,687	40,396
PER=17倍	2,789	38,347	39,044	39,741	3,012	41,414	42,167	42,920

注：2023年10月末時点の予想、グレー部分はメインシナリオ
出所：日経、東洋経済、IFISよりみずほ証券エクイティ調査部作成

見極める必要があると考えました。ただ、最近の良い話としては、みずほ証券エクイティ調査部が持合解消に消極的だと指摘してきたトヨタグループで、持合解消が進みそうなことです。トヨタ自動車は2023年11月1日の中間決算発表で、政策株の縮減、グループ持ち合いの見直しを打ち出しました。

プライム企業の平均ROEは増益基調の維持と、いままでよりは自己資本の伸び率が抑制されることを前提に、2023年度予想の9・0％から2026年度に10％超に上昇すると予想します。

そうしたデータをもとに見通しをつくったところ、2026年度ベースのフェアバリューはTOPIXが2835ポイント、14倍のNTレシオ（日経平均÷TOPIX）を適用すると、日経平均は3万9687円になります。

株価指数が1年先の企業業績を織り込むとすると、TOPIXの1989年12月18日の史上最高値2885ポイント、日経平均の1989年12月末の史上最高値の3万8916円の更新時期は、ともに2025年3月末～2026年3月末頃という見通しになります。

もっとも、配当込みのTOPIXはすでに史上最高値を更新したうえ、TOPIXも2023年9月に史上最高値まであと16％に迫ったので、日経平均の史上最高値更新は時間の問題との見方があります。

CHAPTER 4

コーポレートガバナンス報告書からみるPBR1倍割れ企業の対応策

COUNTERSTRIKE BY
LOW PBR
STOCKS

業種別にみた各企業の低ＰＢＲ対策

大手ゼネコンは企業によりＰＢＲ対策の対応が異なった

大手ゼネコンでＰＢＲが１・２倍と最も高い大成建設が、２０２３年6月28日に発表したコーポレートガバナンス報告書に、資本コストや株価を意識して資本効率の一層の改善に取り組むとして、中期経営計画のリンクを張ったのに対して、ＰＢＲが０・９倍の清水建設は6月29日に発表した同報告書に、「資本コストや株価を意識した経営の実現に向け、取締役会で現状を分析・評価し、改善に向けた方針や目標等を検討のうえ、できる限り速やかに開示を行う予定だ」と記しました。

また、ＰＢＲが１・１倍の鹿島は7月4日に発表した同報告書に、「近年、ＲＯＥは継続して10％を達成し、資本コストを上回る資本収益性を確保しているが、株式市場から十分な評価を得られていません。当社グループの成長性を株式市場に適切に伝え、市場評価を向上させることが課題と認識している」と記載しました。

なお、PBRが0・9倍の大林組は、6月29日の同報告書に資本コストやPBR対策等に関する記述がありませんでした。

食品会社はコーポレートガバナンス報告書の記載内容のばらつきが大きい

食品会社はPBRが4倍に迫る味の素やキッコーマンと、PBR1倍割れが多い製粉や製油会社に二極化しています。

日清製粉グループ本社は2023年9月5日時点のPBRが約1・6倍と1倍を超えていますが、過去5年の平均ROEが3・5%にとどまりました。日清製粉グループ本社は6月28日に発表したコーポレートガバナンス報告書にリンクを張った決算説明資料に、①各事業で資本コストを意識し、ROICを向上、②政策保有株式の縮減、③配当性向40%以上などの目標を掲載しました。日清製粉グループ本社は、10月27日に発表した中間決算がポジティブ・サプライズとなり、株価が約4年ぶりの高値に上昇しました。

宝HDはコーポレートガバナンス報告書に「WACCを約6%と認識しており、ROICは2022年度が8・8%でしたが、2023年度予想は5・8%とWACCを下回る見通し」と記しました。

雪印メグミルクは2023年7月14日に発表したコーポレートガバナンス報告書で、

「ＰＢＲ１倍割れ（同約０・８倍）は課題だと認識しており、投資家に当社株式を評価していただける成長を示せていないためと考えている」と記載しました。中期経営計画へのリンクは張っていませんが、２０２３年５月に公表した「中期経営計画２０２５」に言及し、早期にＲＯＥ８％、ＰＢＲ１倍以上の達成を目指すとしました。ＲＯＥ８％の達成時期や株主資本コストが明らかでない一方、２０２２～２０２５年度のＲＯＥ目標は４・４％→６％以上と低いです。成長戦略として海外事業の強化や代替食品への参入などが挙げられましたが、具体的内容の記載は限られていました。

　永谷園ＨＤは13項目のコーポレートガバナンス・コードの原則を実施しない理由を

図表４−１ 〉主要食品会社のＰＢＲとＲＯＥ

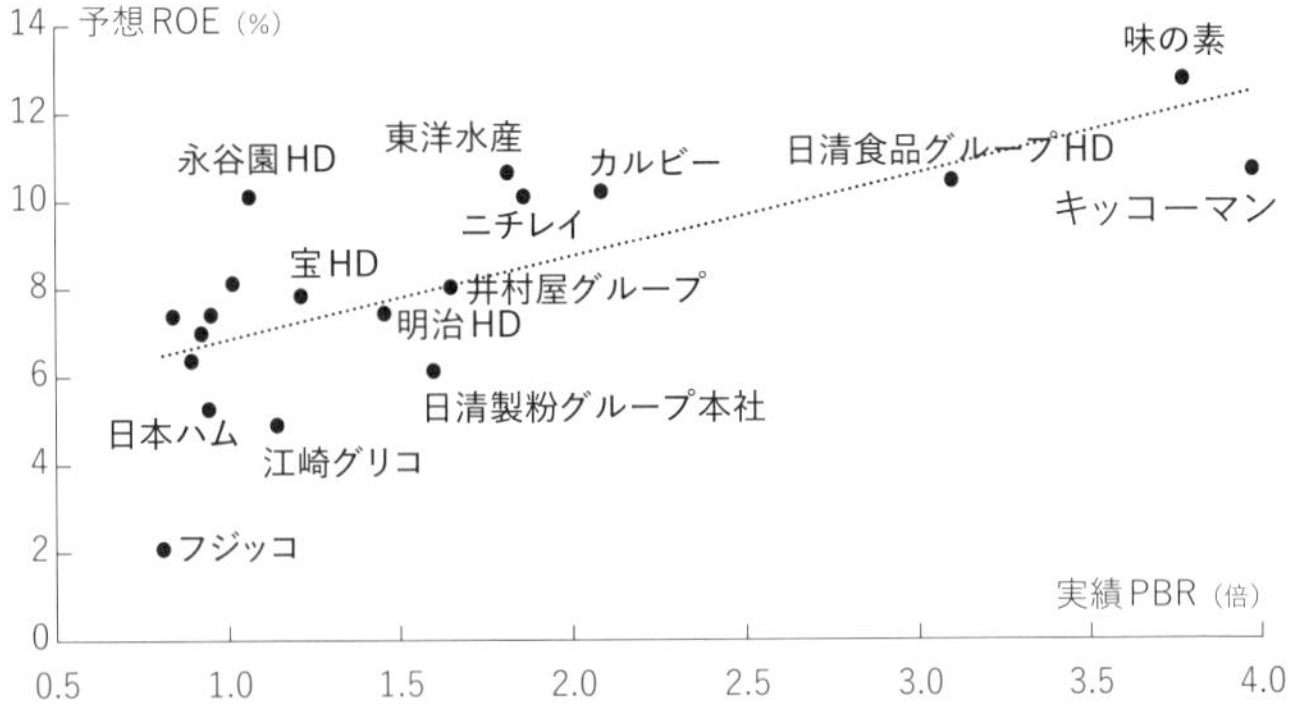

注：10月31日時点の株価ベース。実績は2022年度、予想は2023年度の東洋経済予想
出所：QUICK Astra Managerよりみずほ証券エクイティ調査部作成

説明しましたが、コーポレートガバナンス・コード原則5－2については、「資本政策の基本的な方針並びに収益力や資本政策等に関する目標値の公表も検討する」と説明しました。

日本ハムやフジッコなどはPBRが1倍割れですが、資本コストやPBR対策等に関する記述がありませんでした。

＞繊維・紙パの低PBR対策の記述は不十分

繊維・紙パ業界は構造的に低成長とみられていることから、PBR1倍割れ企業が蔓延しています。

グンゼ（PBRは約0・7倍）は2023年6月26日に発表したコーポレートガバナンス報告書にリンクを張った統合報告書に、「資本コスト重視の経営でGVA（Gunze Value Added）の向上を目指す」と書いてありますが、過去5年平均のROEは3・2％と低迷しています。

東レ（PBR約0・8倍）は2023年6月28日に発表したコーポレートガバナンス報告書で、「2023年3月27日の取締役会で、資産効率性の向上を課題とすることを確認した」と述べました。東レは11月15日に発表した統合報告書にROICを新たなKPIに採用したと記しました。

ワコールHDとホギメディカルのPBRはともに約0・9倍ですが、コーポレートガバナンス報告書では両社とも原則5－2に言及しないまま、全コーポレートガバナンス・コードの原則を実施していると述べました。

PBRがわずか0・2倍のアツギは、2023年7月14日に発表したコーポレートガバナンス報告書に、「資本コストや株価を意識した経営の定着に向けて、5月に発表した中期経営計画で、2024年度のROE目標値を4％、2025年度のROE想定値を7％に設定している」と述べて、中期経営計画のリンクを張りました。資本コストの開示はありませんが、目標ROE4％でPBR1倍はむずかしいでしょう。

PBR1倍割れがほとんどの紙パセクターでは、PBRが約0・7倍の王子HDが、2023年6月29日のコーポレートガバナンス報告書に「資本コストや株価を意識した経営の開示については、現在開示内容を検討している」と記載しました。PBRが約0・8倍の北越コーポレーションやレンゴー等は言及がありませんでした。

日本製紙（PBR約0・4倍）は2023年7月4日に発表したコーポレートガバナンス報告書に、「企業価値の向上こそが株主からの期待に応えるための最優先課題であることを強く意識し、一定以上の資本収益性を実現するための指標としてROE目標を設定している」と書き、2025年度に5％以上というROE目標の達成に向けて取り組んでいるとして、中期経営計画のリンクを張りました。

化学では東ソーや日本触媒のPBR対策を評価

東ソーは2023年6月23日に発表したコーポレートガバナンス報告書に、「過去よりROEは株主資本コストを上回る水準で推移しているが、PBRは直近4年間でほぼ1倍を下回っている。PBR改善には当社の成長戦略を確実に遂行し、実績を残すことで、成長に対する市場の信頼を得ることが重要だ」と記載しました。

日本触媒は2023年6月20日に発表した「資本コストや株価を意識した経営の実現に向けて」で、中期経営計画で掲げたROE目標2024年度7・5％、2030年度9％以上を達成し、さらに追加施策を講じることでPBR1倍以上を実現するとしました。日本触媒は追加施策として、適正な財務レバレッジ水準への移行、株式流動性の改善、株主・投資家との対話強化を挙げました。

「資本コストや株価を意識した経営」を原則5－2の下に記載する企業が多いなか、三菱ケミカルグループ（PBR約0・8倍）は2023年7月11日に発表したコーポレートガバナンス報告書で、補充原則3－1－3の下に、「経営方針に基づく実行計画において、成長の実現、高付加価値化とコスト構造改革、ポートフォリオ戦略の明確化を進め、収益を向上させることにより、企業価値の最大化を目指している。今後も資本収益性や市場評価の改善に向けた方針や目標を継続的にアップデートする」と簡潔に記載しました。三菱ケミカルグループは、2021年に就任したギルソン社長の経営改革が遅いとみられています。

PBRが0・5倍を下回る住友化学が、コーポレートガバナンス報告書に張った「企業価値向上に向けた取り組み」のリンクを辿ると、HPに辿り着きます。そこにはPBR対策の記述はありませんが、「当社では管理会計制度において1999年から各事業部門の業績に資本コストを考慮するなど、ROI（投資収益率）、ROEなどの資本効率向上に早くから取り組んできました。ROIについては、WACCを上回るレベルを求め、7%以上を目標にしています」などと書いてあります。しかし、2023年11月1日に2年連続の営業赤字予想に下方修正したことで、株価は約3年ぶりの安値に下落しました。

旭化成とトクヤマはPBRが約0・7倍ですが、コーポレートガバナンス報告書にPBR対策の記述がありませんでした。

ガラ土・鉄鋼・非鉄・金属製品は真摯な対応が目立った

ガラ土・鉄鋼・非鉄・金属製品は一部の銘柄を除いてPBR1倍割れが恒常化しており、業態的にPBR1倍達成がむずかしいとみられる面もありますが、東証の要請に真摯に対応する企業が目立ちました。

日本製鉄（PBR約0・7倍）も2023年7月7日に発表したコーポレートガバナンス報告書に、決算説明会資料のリンクを張りましたが、そちらを見ると、「↑ROE×↓PER=↓PBR」の式が掲載されていました。日本製鉄は「これまでの取り組みによりROEは大幅に向上したが、利益の急激な改善局面においてPERが改善するには、それを上回る株価の上昇が必要（市場の理解の浸透まではPERが低下）」と記しました。日本製鉄は経営戦略の適切な開示・発信により、高水準の利益の安定的確保と利益成長への取り組み等について、市場の理解の促進・浸透のための努力を継続するとしました。

神戸製鋼所（同約0・7倍）がコーポレートガバナンス報告書に張ったリンクを辿ると、中期経営計画進捗説明会資料に辿り着き、そこに「資本コストを低減し、上回るリターンを安定的に確保」する目標が掲げられてました。

東洋製罐グループHD（同約0・7倍）がコーポレートガバナンス報告書に張ったリンクを辿ると、2023年5月12日に発表された「資本収益性向上に向けた取り組み2027」に辿り着きます。東洋製罐グループHDは過去5年の平均ROEは2・9％と、8％近い株主資本コストを大きく下回るため、事業ポートフォリオの最適化、資本構成の見直し、株主還元の強化等で、2027年度ROE8%以上を目指すとしました。東洋製罐グループHDは2021年の株主総会で、香港のアクティビストのオアシスからROE改善のための自社株買いなどの株主提案を受けましたが、否決しました。

古河機械金属は2023年7月10日に発表したコーポレートガバナンス報告書に、企業価値創造力（ROIC－WACC）の向上を図るための具体的な取り組みを拡充・強化しているとして、「中期経営計画2025」のリンクを張りました。古河機械金属が5月に発表した「中期経営計画2025」には、「価値創造バロメーターとも呼ばれるPBRは、2017年度以降6年連続して1倍を割っており（PBR約0・8倍）、PBR1倍超の早期実現が重要な経営課題だ」と記されました。ROEを2022年度の6・2%から、2023～2025年度に8%程度に引き上げる目標は含まれましたが、ROIC－WACCの記述は限られており、コーポレートガバナンス報告書の内容とやや齟齬がある印象です。

＞機械・輸送機はPBR1倍対策の発表が少ない

機械はPBRが8倍超のディスコから、1倍割れのベアリングメーカーまで多様な企業がありますが、PBR1倍割れ対策の発表は他業種より少なくなりました。

牧野フライス製作所、ジェイテクト、月島HD、日阪製作所などはPBRが1倍を大きく下回っていますが、コーポレートガバナンス報告書でPBR対策に関する記述がありませんでした。PBR1倍割れが多い自動車部品においては、旧村上ファンド系の投資対象になったヨロズを除くと、きちんとしたPBR1倍割れ対策を発表した企業はほとんどない印象でした。

ツガミは「工作機械業界は、景気の影響を受けやすく、短期間で業績が大きく変化するため、具体的な数値目標を含む中期経営計画の策定・公表を行っていない」と、コーポレートガバナンス・コードの原則5－2を説明しました。

キャッシュリッチ体質が問題視されることがあるSANKYOは、2023年6月30日のコーポレートガバナンス報告書に「適切な時期・形式で開示を検討する」と記載しました。

4年連続最終赤字の島精機は同報告書に、「4期連続赤字から脱したうえで、資本コストや株価を意識した経営の実現に向けて、具体的な取り組みを取締役会で検討・策定を実施する」と書きました。

東証の資本コストを意識した経営の要請は、PBRが1倍を超えた企業も対象になると考えられるなか、タクマは6月28日に発表したコーポレートガバナンス報告書に、「PB

Rは1倍を超過しているが、今後現状分析をさらに進め、資本収益性や市場評価の改善に向けた方針や目標設定を含め、検討を進める」と書きました。

ＰＢＲが1・4倍のマキタも6月29日に発表した同報告書に、「資本コストや資本収益性や市場評価等に関する①現状評価、②方針・目標、③取り組み・実施時期を開示していないが、決算説明会資料や統合報告書等において、収益性や成長性に関する説明を適宜行っていく」と、コーポレートガバナンス・コードの原則5－2を説明しました。

∨放送局は低ＲＯＥ＆低ＰＢＲから長年脱却できていない

日本テレビＨＤは2023年6月30日に発表したコーポレートガバナンス報告書に、「中期経営計画に沿った成長戦略の推進、政策保有株式の削減、株主還元に対する考え方を掲げた上で、ＲＯＥ向上を目指していく」と記載しました。

フジ・メディア・ＨＤは「安定配当の継続とともに、機動的な自己株式取得を検討していくことで、株主価値を高め、ＰＢＲの上昇を目指していく方針」と記載しましたが、その具体策は発表されていません。

過大な政策保有株式を理由に、英国ＡＶＩから株主提案を受けたこともあるＴＢＳ ＨＤは、2023年7月6日に発表したコーポレートガバナンス報告書に、「資本コストと資本収益性に関しては、東証からの要請を踏まえ、適切な指標を算出したうえで取締役会などに諮り、現状分析を実施している。成長戦略など、ROEの向上やPBRの改善に向けた方策、及び指標の情報開示については、今後東証の要請に従って開示する」と記しました。リンクを張った5月発表の「中期経営計画2023Updated」も、コスト抑制意識の定着・配信事業の拡大、技術革新の加速、SDGsに向けた取り組みの加速など、PBR対策との関連性が具体的でありませんでした。

テレビ東京HDはコーポレートガバナンス報告書に、「2020年代後半にROE8%を目指す。配当性向は30%を目途にしているが、中長期的に35%を目指す。政策保有株式は過去10年間に4割の銘柄を売却した」と記載しました。テレビ東京HDは別途公表した「資本収益性の現状分析と改善への取り組みについて」で、「資本コストやその算出の背景にある計算手法などの考え方の開示については、慎重に検討した上で決定すべき事項だ」と述べました。

大手不動産では住友不動産、野村不動産HD等が資本コストについて記述

住友不動産（PBRは約1倍）は2023年7月4日に発表したコーポレートガバナンス報告書に、「2023年3月期のROEは9・4%と、資本コストを十分に上回り、高い資

本効率を達成した。今後も自己資本比率などの財務の安定性と収益力の強化を両立させながら、資本コストを上回るROEを維持していく」と記載し、5月に発表した『持続的成長』のための基本的な経営戦略と中長期見通し」のリンクを張りました。同資料には、部門別の成長戦略、金利上昇による業績影響は軽微、配当は7年以内に倍増、取締役会の多様性確保、政策保有株式の縮減、事前警告型買収防衛策の廃止検討などが含まれました。

野村不動産HD（同約0・9倍）は2023年10月27日の同報告書に「当社の株主資本コストは7〜8％と認識しており、それを上回るROEの達成と、中長期的な利益成長が求められていると考えています」と書きました。

東急不動産HD（同約0・9倍）は2023年7月7日に発表した同報告書に、決算説明資料のリンクを張りましたが、そちらを見ると、「PBR↑＝ROE↑×PER↑」との式が掲載されており、ROEを2023年3月期7・3％↓2026年3月期9％↓2031年3月期10％以上に引き上げ、同期間の純利益を482億円↓650億円↓750億円以上とする目標が掲載されました。東急不動産HDは推進する事業として、商業施設、海外、管理事業等を挙げました。

一方、三菱地所、三井不動産、東京建物、ヒューリックはコーポレートガバナンス報告書にPBR対策についての記述がありませんでした。

不動産価格の値上がりで隠れ低PBR企業に？

不動産経済研究所によると、2023年7月の首都圏の新築マンション販売戸数は前年同月比＋14・2％の2591戸、1戸当たり平均価格は同＋3561万円（＋55・8％）の9940万円（東京23区だけだと、さらに高い1億3340万円）と大幅に値上がりしました。東京カンテイによると、7月の都心6区の中古マンション価格も70㎡当たり前月比＋0・5％の1億352万円と、6カ月連続で過去最高を更新しました。

豊洲を中心とするウォーターフロントのマンションが大きく値上がりしている現象は、1980年代後半にウォーターフロントに土地を持つ企業（当時はIHIや東京ガスなど）が大きく買われた時代を彷彿とさせます。

みずほ証券エクイティ調査部で、不動産含み益調整PBRを、時価総額÷（自己資本＋法人税率を30％と仮定した税引き後不動産含み益）で計算したところ、不動産含み益が大きい企業の上位には三菱地所、住友不動産、三井不動産、東京建物、ヒューリック、イオンモールが入りました。

また、表面的なPBRと含み益調整PBRとの差が1倍以上の銘柄は日本空港ビルデング、パーク24、宮越HDなどでした。ただ、イオンモールや宮越HDは中国の不動産のエクスポージャーが大きいので、中国の不動産市況悪化の影響が気になるところです。

2022年度					
賃貸等不動産期末残高（100万円）	賃貸等不動産期末時価（100万円）	不動産含み益（100万円）	不動産含み益調整PBR（倍）	実績PBR（倍）	不動産含み益調整PBRと実績PBRの差（ポイント）
4,330,627	8,964,490	4,633,863	0.45	1.15	-0.70
4,310,627	8,047,338	3,736,711	0.40	0.99	-0.59
3,433,199	6,695,820	3,262,621	0.58	1.04	-0.46
891,199	1,417,611	526,412	0.51	0.93	-0.42
1,582,716	1,958,548	375,832	1.10	1.53	-0.42
1,238,911	1,564,362	325,451	0.58	0.88	-0.30
732,605	1,032,377	299,772	0.69	0.90	-0.21
258,588	521,806	263,218	1.85	4.11	-2.26
643,462	895,991	252,529	0.74	0.93	-0.20
475,971	704,423	228,452	0.80	0.93	-0.13
252,370	471,962	219,592	0.99	1.14	-0.16
1,348,067	1,530,441	182,374	1.12	1.19	-0.07
377,707	559,758	182,051	0.80	0.93	-0.13
124,483	236,154	111,671	0.65	0.82	-0.16
308,650	420,185	111,535	0.70	1.15	-0.46
438,258	529,232	90,974	1.12	1.19	-0.07
133,183	214,850	81,667	0.53	0.95	-0.43
77,378	156,144	78,766	2.39	2.72	-0.32
947	63,541	62,594	0.68	1.90	-1.22
166,227	218,859	52,632	1.06	1.44	-0.38
93,703	130,004	36,301	1.11	1.16	-0.05
26,901	61,740	34,839	0.44	0.76	-0.32
35,240	67,399	32,159	0.87	0.98	-0.11
122,607	154,307	31,700	0.84	0.96	-0.13
149,492	175,993	26,501	1.07	1.11	-0.04
46,979	69,807	22,828	0.40	0.51	-0.11
31,800	52,713	20,913	5.28	7.21	-1.93
5,281	23,870	18,589	0.92	1.05	-0.13
17,199	31,163	13,964	1.10	1.14	-0.04
45,193	58,425	13,232	0.91	1.07	-0.16
82,949	90,574	7,625	1.11	1.17	-0.06
9,656	16,262	6,606	0.51	0.55	-0.04
7,467	13,783	6,316	0.66	0.69	-0.03
12,783	18,882	6,099	0.47	0.52	-0.05
21,953	27,812	5,859	0.94	0.96	-0.01
17,246	22,590	5,344	0.53	0.55	-0.02
44,843	50,066	5,223	0.97	0.99	-0.02

図表4－2 ＞ 賃貸等不動産の含み益が大きい銘柄

コード	銘柄名	業種	時価総額（10億円）
8802	三菱地所	不動産	2,437.0
8830	住友不動産	不動産	1,779.2
8801	三井不動産	不動産	3,032.1
8804	東京建物	不動産	415.5
3003	ヒューリック	不動産	1,047.8
8905	イオンモール	不動産	389.8
3289	東急不動産HD	不動産	619.1
9706	日本空港ビルデング	不動産	617.5
3231	野村不動産HD	不動産	611.1
1802	大林組	建設	923.3
1812	鹿島建設	建設	1,192.8
1925	大和ハウス工業	建設	2,712.0
1803	清水建設	建設	783.0
1860	戸田建設	建設	259.0
8803	平和不動産	不動産	137.6
1928	積水ハウス	建設	1,904.3
8818	京阪神ビルディング	不動産	67.5
1878	大東建託	不動産	1,103.7
6620	宮越HD	不動産	46.2
2337	いちご	不動産	148.1
1801	大成建設	建設	951.4
8842	東京楽天地	不動産	24.7
1833	奥村組	建設	169.4
1820	西松建設	建設	143.4
1808	長谷工コーポレーション	建設	504.7
8864	空港施設	不動産	28.1
4666	パーク24	不動産	288.3
1961	三機工業	建設	95.5
5076	インフロニア・HD	建設	397.4
3232	三重交通グループHD	不動産	56.2
3244	サムティ	不動産	115.3
8935	FJネクストHD	不動産	34.5
1879	新日本建設	建設	70.6
1810	松井建設	建設	22.7
1942	関電工	建設	285.3
8871	ゴールドクレスト	不動産	71.3
8850	スターツコーポレーション	不動産	141.4

注：2023年10月31日時点。QUICK Astra Managerに2022年度の賃貸等不動産の期末残高と期末時価のデータの収録がある東証プライム企業（建設、不動産のみ）。不動産含み益が50億円以上。不動産含み益調整PBRは直近時価総額／（自己資本＋税引き後不動産含み益）。法人税30%として税引調整。時価総額は自己株式を除く普通株ベースを使用。このリストは推奨銘柄ではない
出所：QUICK Astra Managerよりみずほ証券エクイティ調査部作成

PBR1倍達成を目的とする不動産売却が増加

2023年10月11日の日経新聞は、「PBRを上げるには本業との相乗効果が見込めない賃貸用不動産の処分が選択肢となる。資本効率の改善に向け、賃貸不動産の売却を検討する企業が増えている」と報じました。みずほ信託銀行では、PBRと不動産を切り口にした企業との対話が、2023年4〜9月に110件と前年同期の13件から約8倍に増えました。

シンガポールのアクティビストの3Dインベストメント・パートナーズは、不動産の保有が多いサッポロHDと富士ソフトに対して、株主提案を行なって、不動産ビジネスの見直しを求めています。

倉庫会社は三井倉庫HDを除くとPBRが1倍割れ

「倉庫」が社名に付いている上場企業は10社あり、これにヤマタネと日本トランスシティも含めて、倉庫会社は12社もあります。倉庫会社は業績が安定しているので、資本コストは低いと推計されますが、これまで資本コストを開示した主要企業はありません。倉庫会社のPBRはROEの高低を反映して、安田倉庫や川西倉庫の0・4倍台から、1倍超の三井倉庫HDまでと2倍以上の幅があります。

三井倉庫HD（PBR約1・1倍）は2023年7月3日に発表したコーポレートガバナンス報告書で、「中期経営計画2022で、CAPMで計算した株主資本コストを超えるROE12％超を目標に掲げました。直近実績は2021年度20・4％、2022年度18・1％で推移しており、高水準な資本効率の維持に努めている。PBRについての議論を取締役会で定期的に行っており、適正な外部評価の獲得に向けた施策を検討、実施している。直近1年間の当社PBRは倉庫・運輸平均PBR0・9倍を超える水準になっている」と誇りました。

一方、三井倉庫HDのライバルである三菱倉庫や住友倉庫は、同報告書でPBRに関する記述がありませんでした。

渋澤倉庫はコーポレートガバナンス・コードの全項目について「コーポレートガバナンス方針」とのリンクを張ってあるものの、原則5－2に関する記述がありませんでした。

中央倉庫は2023年6月23日に発表した「資本コストや株価を意識した経営の実現に向けた対応について」で、「収益力の向上、財務戦略・資本政策の強化、IR活動の拡充により、資本コストのレンジを上回るROE水準（現状認識では5％）を目指すとともに、PBRの向上を図る」としました。

∨電力・ガス会社の対策は政府のエネルギー・環境政策次第

電力会社の業績は政府のエネルギー・環境政策に大きな影響を受けるので、自力だけの低ＰＢＲ対策はむずかしい面があります。

中国電力は２０２３年７月７日に発表したコーポレートガバナンス報告書に、「資本コストや株価を意識した経営の実現に向けた現状評価や取り組み方針・目標、取り組み内容等について、開示の充実を検討していく」と記載しました。

九州電力も２０２３年６月30日に発表した同報告書に、「企業価値向上に向けた取り組みとして、２０２２年度より新たな経営指標ＲＯＩＣを導入しており、２０２３年４月に２０２５年度２・５％以上、２０３０年度３％以上のＲＯＩＣ目標を設定した」と記載しました。

北陸電力は２０２３年６月28日に発表した同報告書で、「新中期経営計画を策定し、収支改善・財務基盤強化及び採算性を重視した成長事業開拓を重視する方針のもと、徹底した効率化の追求と事業領域の拡大に取り組んでいる」と述べましたが、低ＰＢＲ対策としては具体的でありませんでした。

関西電力は２０２３年10月30日に発表した同報告書に「株価、資本収益性や資本コストの分析に加え、どのように企業価値を高め、期待に応えていくのか、取締役会等で議論を深めています」と書きました。

一方、東京電力HD、東北電力、四国電力は類似の記述がありませんでした。

大阪ガスは2023年6月23日に発表した同報告書に、「中期経営計画（2021〜23年度）を策定しており、資本コストを考慮した収益性指標であるROICの導入等を通じて、各事業における稼ぐ力の向上と事業ポートフォリオ経営の進化を重点取組に掲げている。中期的な経営指標として、ROIC5％程度やROE7・5％程度、D／E（負債資本倍率）0・7程度、自己資本比率50％程度を目指している」と記しました。

東京ガスは2023年8月1日にアップデートした同報告書に統合報告書のリンクを張り、その統合報告書のなかで、笹山普一社長CEOが「事業ごとにリスク等の特性を踏まえた要求リターンを設定し、ポートフォリオ管理を行う中で、各カンパニー等のBSへの意識、資本コストへの意識を高めていきたい」と語りました。東京ガスは2023年2月に総還元性向を5割から4割程度に引き下げたので、株主にフレンドリーでないとみなされて、株価が下落しましたが、その後回復傾向にあります。

大幅増益でも低PBRの海運各社

海運は業績が市況によって大きく振れるので、資本コストは高いと推計されますが、大手3社で資本コストを開示した企業はありませんでした。海運大手3社は2022年度ROEが50％近くに達しましたが、一時的な大幅増益によるものとみなされたため、PBRは0・7〜0・8倍にとどまっています。2023年度は大幅減益予想ですが、高配当利回りがサポートになって、海運株は好調な動きが続きました。

日本郵船は2023年3月10日に発表した中期経営計画に6・5％以上のROIC、8〜10％のROE目標等を盛り込みました。

商船三井が2023年6月26日に発表したコーポレートガバナンス報告書には、株主との建設的な対話に関する方針が載っていましたが、資本コストや株価を意識した経営に関する記述はありませんでした。

エフィッシモキャピタルが大株主になり、社外取締役も送り込んでいる川崎汽船は2023年5月の決算説明資料に、「資本政策の一環である経営管理のさらなる高度化の取り組みにより、PBRの向上を目指して資本コストを意識した事業別経営指標の導入（ROIC、EVA等）による事業ポートフォリオ経営及びキャッシュフロー経営を強化・促進する」とし、2026年度ROIC6〜7％、ROE10％以上の目標も掲げたので、十分資本コストを意識した経営を行なっているといえます。

2020年の株主総会でアルファレオHDから政策保有株式売却等の株主提案を受けた

ことがある乾汽船は、コーポレートガバナンス報告書で事業ポートフォリオの見直しに関する説明を行ないましたが、資本コストや株価を意識した経営に関する記述はありませんでした。

金融業界の低PBR対策

大手銀行は2023年5月の決算説明資料にPBR対策を記載

銀行株ではセブン銀行のPBRが1・4倍と最も高い一方、最大手の三菱UFJFGのPBRも1倍割れで、地銀にはPBRの0・3倍割れも少なくありません。どの国においても、銀行株はその国の経済状況の反映といわれますが、日本では長年のデフレと超低金利が銀行株を低PBRに追いやってきました。

三菱UFJFGは2023年5月15日の「2022年度決算ハイライト」で、「中期経営計画で成長戦略、構造改革、資本運営に取り組み、普通株式等Tier1比率を維持しながら、RORA（Return on Risk-Weighted Assets）を改善させ、ROEを向上させ（2022年度7・0

%（中長期目標9～10%）、株主価値の向上を目指す」と述べました。

　三井住友FGも2023年5月15日の「2022年度実績の概要」で、「ROE8%（2022年度実績は6・5%）を目指し、新中期経営計画で事業ポートフォリオの入替と採算性向上を推進する。ただし、PERは国内金利との相関が強く、PBR1倍（2023年10月末時点で約0・7倍）を実現するには、外部環境の変化も必要だ」と指摘しました。

　三井住友トラスト・HDは2023年5月19日の「2022年度通期決算説明会」で、「人生100年時代、顧客のESG・サステナブル経営推進、ネットワーキングの重点分野でビジネスを成長させ（PERを

図表4−3 ＞ 三井住友トラスト・HDの企業価値向上に向けた取り組み

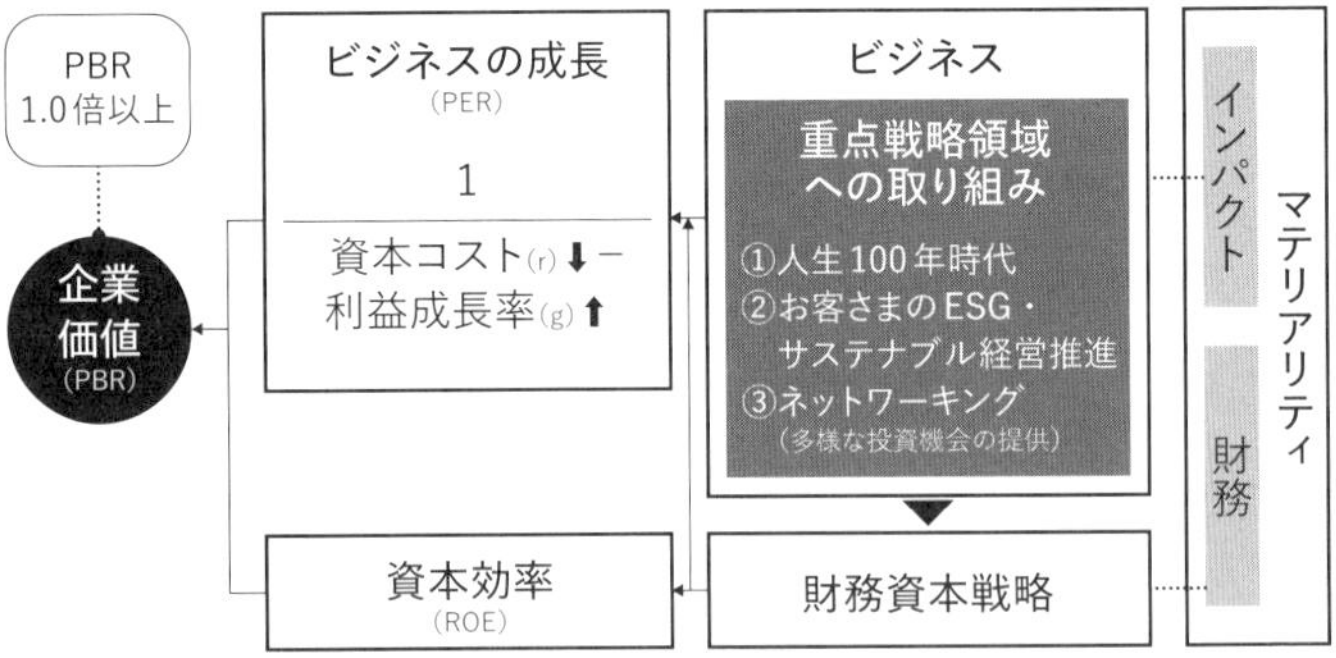

注：2023年5月19日発表。ビジネスと財務資本戦略は中期経営計画における「9つの戦略」①～④に概ね対応するもの
出所：会社資料よりみずほ証券エクイティ調査部作成

向上）、財務資本戦略でROE（同6・9％）を引き上げ、PBR1倍（同約0・7倍）以上を目指す」としました。

みずほFGは2023年5月18日の「2022年度決算 会社説明会」で、「足許のROEは6％台だが、徹底的に資本効率を追求していく、メリハリをつけて重点分野に経営資源を投下していき、中期経営計画最終年度の2025年度にROE8％を達成する。さらに、その後も効率化を進め、生産性を向上させていき、PBR1倍（同約0・7倍）を達成したい」と述べました。大手銀行は中間決算でも、PBR対策のフォローアップを行ないました。

多くの地銀が資本コストを意識した経営をコーポレートガバナンス報告書に掲載

2023年4～5月の決算説明会資料では、石川県の北國FHDと神奈川県のコンコルディアFGのPBR対策が素晴らしいと思いましたが、他の地銀においても、コーポレートガバナンス報告書に資本コストを意識した経営を記述する地銀が多く、他の業種に比べて好印象でした。

福岡県の西日本FHDはコーポレートガバナンス報告書にリンクを張った決算説明資料に、PBR＝ROE×PERを向上させるための施策を中期経営計画に絡めて記載しました。

群馬銀行はコーポレートガバナンス報告書にリンクを張った決算説明資料に、「ROE（2022年度5・3％）を高めてネガティブ・エクイティスプレッド（ROE－資本コストがマイナス）を解消し、企業価値向上に取り組む」と記載しました。

宮城県の七十七銀行もコーポレートガバナンス報告書にリンクを張った決算説明資料に、「トップラインの成長や経費削減等を通じて、ROE水準（2022年度4・9％）の向上を図る」と記しました。

秋田銀行はコーポレートガバナンス報告書で、「2022年度のROEは2・1％と、2023年度に想定する株主資本コスト（5～6％）との比較を踏まえ、その改善は重要な課題と認識している。株主との対話を踏まえ、取締役会にて継続的に検討する」と述べました。

山梨中央銀行はコーポレートガバナンス報告書にリンクを張った決算説明資料で、株主還元方針の見直し、政策保有株式の縮減、株主・機関投資家との対話強化などを掲載しました。

岐阜県の大垣共立銀行はコーポレートガバナンス報告書にリンクを張った決算説明資料に、上場地銀のPBRとROEの関係の図を掲載し、「PBR1倍割れ（0・28倍）は、P

BRと相関性の高いROEが市場の求める水準を達成できていないことが要因の1つであるため、中期経営計画の遂行によりROE（2022年度1・6%）の改善を目指す」と記しました。

滋賀銀行はコーポレートガバナンス報告書にリンクを張った決算説明資料で、「株主資本コスト（CAPMで推計）を上回るROEを達成できておらず、経営上の課題と認識」と述べました。

大阪の池田泉州HDはコーポレートガバナンス報告書にリンクを張った「経営戦略について」で、財務的成果でROE（2022年度4・0%）と非財務的成果でPER（9月5日時点のPER約10倍）をともに引き上げることで、PBR（同約0・4倍）の引き上げを

図表4-4 > 上場地銀のPBRとROEの関係

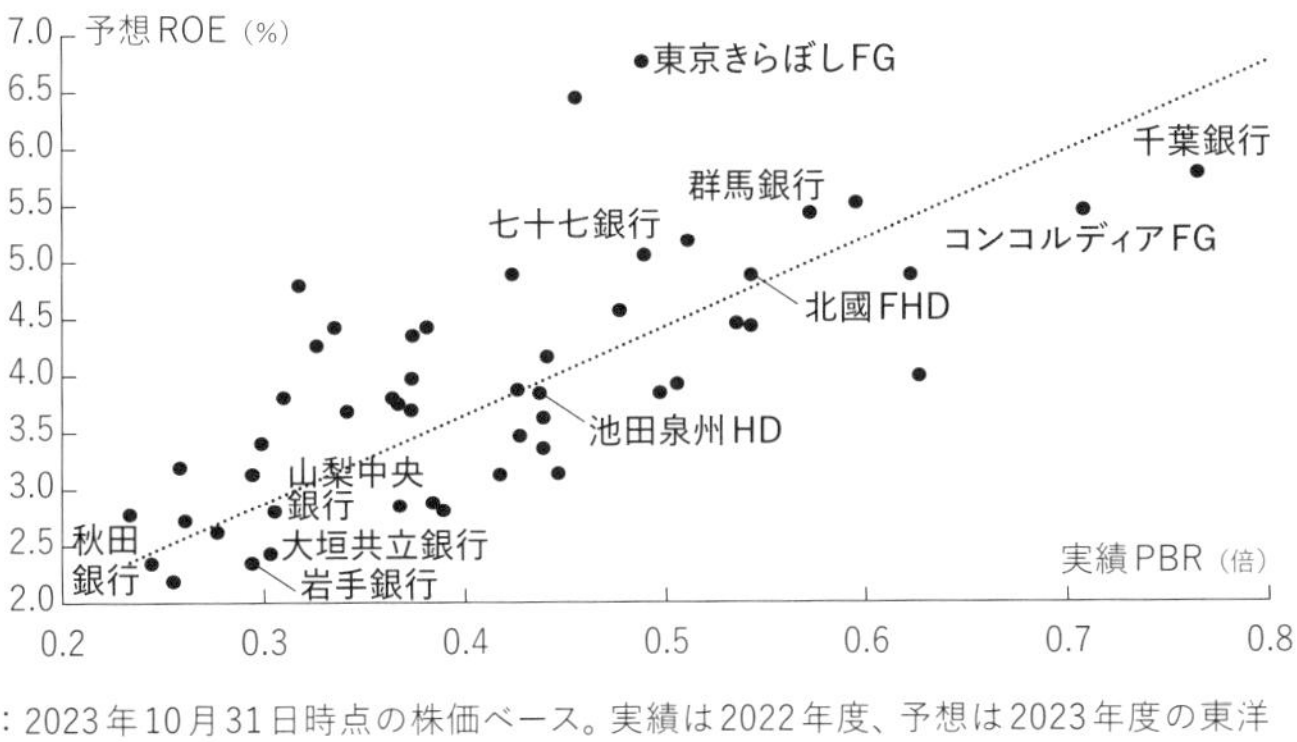

注：2023年10月31日時点の株価ベース。実績は2022年度、予想は2023年度の東洋経済予想
出所：QUICK Astra Managerよりみずほ証券エクイティ調査部作成

目指すとしました。

ただ、地銀を巡る経営環境は依然厳しいため、各行のROEやPBRの引き上げ策が絵に描いた餅にならないか懸念されます。ROEやPBRの向上のためには、社員の意識改革が必要となりますが、北國FHDは「中長期経営戦略2023」で、2022年度3・5％だったROEを5年目7％、早期8％を目指すために、ROEに連動した報酬制度・株式付与制度を導入し、経営陣・従業員・株主間で価値共有を進めるとした点が評価されます。

＞証券会社の低PBR対策は事業会社の手本になってほしい

証券会社は投資銀行部門やアナリストが、事業会社の経営にアドバイスする立場にあるので、低PBR対策でも事業会社の手本になるべきでしょう。

岡三証券グループは3月24日に発表した「中期経営計画 2023年度～2027年度」で、PBRが1倍を超えるまで、年10億円以上の自社株買いを行なう、総還元性向目標も2021年度29・5％から50％に引き上げる、投信預り資産1・7兆円→3兆円を目指すなどとしたため、株価がストップ高しました。岡三証券グループの発表前のPBRは約0・5倍だったため、PBR1倍超は野心的な目標と見なされました。

岡三証券グループは2022年度までの中期経営計画でROEを10%に引き上げる計画を掲げていましたが、2021年度実績は6%だったため、今回2027年度目標を8%に引き下げました。

なお、2023年4月27日に発表した2022年度純利益が前年比▲95%の大幅減益になったことで、岡三証券グループの株価は大きく下落しました。自社株買いによる一時的な株価上昇が、持続的なPBR向上につながらないことを示す事例になりました。

一方、丸三証券の2023年5月の決算説明会で、PBR対策について私が質問した際の菊地稔社長の回答は、「当社株のPBRは1倍割れとなっているが（10月末に1・1倍に上昇）、一時的な株主還元ではなく、業績の安定性を高めることで向上させたい」というものでした。しかし、丸三証券が2023年6月23日に発表したコーポレートガバナンス報告書に、PBR対策の記述はありませんでした。

大和証券グループ本社は2023年7月14日に発表したコーポレートガバナンス報告書に、「PBR1倍割れはROEの低迷が主因と分析している。市場が想定する資本コストは8~9%程度と試算される。2022年度のROE実績は4・6%にとどまり、早期の改善が求められる。具体的な取り組みや時間軸などを示す計画は、2024年度を開始年度とする次期中期経営計画に盛り込む予定だ」と記しました。

５月末の経営戦略説明会では、「２０３０年にかけ、外部環境に左右されにくい、収益構造の総仕上げの実現に向け、ホールセール部門に過度に依存しない事業ポートフォリオの構築を推し進め、２０３０年度頃にＲＯＥ９～10％以上を目指す」との図を掲載しました。競争環境が厳しいなか、今後リテールやアセットマネジメント事業の利益をどのように拡大するのか注目されます。

大和証券グループ本社は説明会資料で、リテール部門の見倣うべき手本として、モルガンスタンレーの資産管理型ビジネスの成長を挙げました。モルガンスタンレーの時価総額は１１６２億ドル（約17兆円）と大和証券グループ本社の10倍以上に上ります。

図表４－５ ＞ 大和証券グループ本社のＰＢＲ向上施策

PBR＝ROE×PER

実績 × 市場の期待

$$①ROE=\frac{当期純利益}{自己資本} \qquad PER=\frac{株価}{1株当たり純利益} \Rightarrow \frac{1}{②資本コスト-③期待永久成長率}$$

①ROEの向上
- 当期純利益の拡大
- ビジネス別のリスク・リターン向上、株主還元による資本水準のコントロール

②資本コストの低下
- 資本コスト＝リスクフリーレート＋β×マーケットリスクプレミアム
- 利益安定性のトラックレコードと今後の取組み、および、資産管理型ビジネスモデルとハイブリッド戦略で利益の安定性を高める

③期待永久成長率の向上
- 当社独自の証券ビジネス戦略、ハイブリッド戦略に沿ったビジネスポートフォリオの多様化を通じ、他社とのビジネスモデルの違いを示す

注：2023年5月31日発表
出所：会社資料よりみずほ証券エクイティ調査部作成

ＰＢＲはモルガンスタンレーの１・４倍に対して、大和証券グループ本社は約０・９倍です。

一方、野村ＨＤのＰＢＲは約０・６倍と大和証券グループ本社を下回ります。野村ＨＤの北村巧ＣＦＯは、統合報告書で「グループ全体として収益の安定化・多様化を進め、業績のボラティリティを低下させることで、リスクプレミアムを引き下げ、株主資本コストの低減につなげる」と語りましたが、具体性に欠けました。

ノンバンクはＰＢＲ引き上げに積極的

オリックスはビジネスモデルがわかりにくいことが、バリュエーションのディスカウント要因になりやすい会社です。井上亮社長は２０２３年６月20日の日経ＣＮＢＣ「朝エクスプレス」で、ＰＢＲが約０・９倍であることについて、「当社はその他金融に属するので、金融株の低ＰＢＲに引っ張られている」という話をしました。

２０２３年５月の決算説明資料には、「過去10カ年の平均ＲＯＥは10・４％、まずはＰＢＲ１倍以上を目指す。トップマネジメント（社外取締役を含む）が主体的に投資家とのコミュニケーションを推進する」と記載しました。

オリックスは株主への公平性に欠けるとして、株主優待を止めたことに対して、一部の個人投資家からクレームを受けたそうですが、配当性向を２０２４年３月期33％→２０２５年３月期33％＋αと高める方針です。発行済株式総数（自己株式を除く）の３・４％の自社株買いも発表しました。

三菱ＨＣキャピタルは２０２３年５月15日に発表した「２０２５年度中期経営計画」で、ＲＯＥを２０２２年度比＋１・８ｐｐｔの10％程度に引き上げる目標を掲げました。その説明会の質疑応答のなかで、「財務資本のＫＰＩとしてはＲＯＥを重要視し、財務計数の実績だけで遅くとも10年後にＰＢＲ１倍になるように、バックキャストして２０２５中計の財務目標を設定した。しかし、ＰＢＲ１倍を10年で達成するという時間軸はあまりに遅いため、非財務資本の強化によりその早期化を図る。具体的には、市場コンセンサスを上回り続ける実績、非財務資本の蓄積、株主を含む各ステークホルダーとのエンゲージメント強化などを通じて、成長期待の醸造と株主資本コストの低減による、市場の評価の切り上げとＰＥＲの改善を狙っていく。結果として、可及的速やかにＰＢＲ１倍を達成したい」と述べました。

中期経営計画の発表日から、９月20日までに三菱ＨＣキャピタルの株価は５割近く上昇して、ＰＢＲが１倍に近づきました。三菱ＨＣキャピタルはＨＰにＰＥＲ、ＰＢＲ、時価総額、配当利回り、株価チャートなどを掲載しているので、株価意識が高いといえます。

∨金融株の強気が増加

国内在住の機関投資家に対するアンケート調査である「QUICK月次調査〈株式〉2023年9月号」のセクター判断で、金融と建設・不動産が並んで最も強気のセクターになりました。両セクターが揃ってともに最も強気になったのは、アベノミクス前夜の2012年10月以来でした。

金融株に対する強気が増えたのは、①2023年7月に日銀のYCC（Yield Curve Control）政策が見直されたうえ、マイナス金利の解除などさらなる金融政策の正常化の期待が高まったこと、②バリュー株物色の一環として、低バリュエーションの銀行株に焦点が当たったこと、③持合解消に前向きになり、東証の資本コストを意識した

図表4-6 ＞東証銀行株の対TOPIX相対パフォーマンスと10年国債利回り

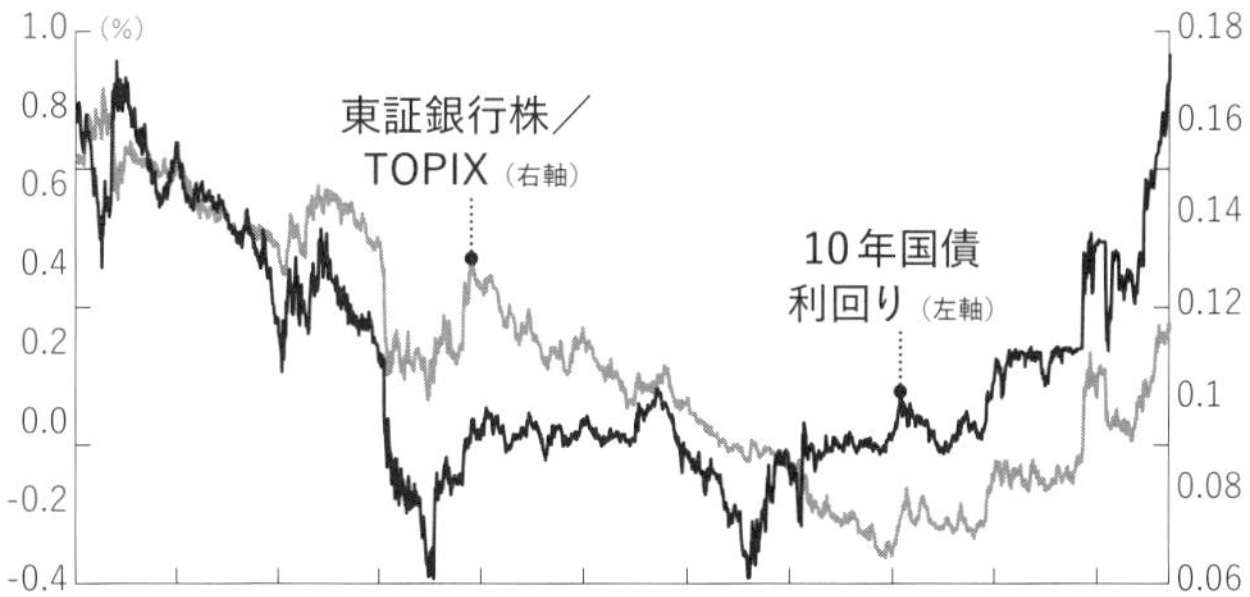

注：2023年10月31日時点
出所：ブルームバーグよりみずほ証券エクイティ調査部作成

経営の要請に対しても真摯に対応した地銀のコーポレートガバナンス改善期待が高まったことなどが挙げられます。

地銀では、新生銀行を子会社化したSBI HDが再編を進めているほか、ゴールドマンサックスの銀行アナリストだった田中克典氏が2020年に設立したありあけキャピタルがエンゲージメントを進めています。

地銀で株主重視の経営の観点で最も進んだ経営を行なっている北國FHDは2022年4月に、ありあけキャピタルと「企業価値向上に向けた助言契約」を締結と発表しました。ありあけキャピタルはスルガ銀行と千葉興業銀行に大量保有報告を出したほか、愛媛銀行の1・2%などを保有しています。

一方、政策保有株式が多く低ROEの京都FGや八十二銀行の2023年6月の株主総会では、頭取選任に対する賛成率がそれぞれ72・0%、63・2%まで低下しました。運用会社の議決権行使の厳格化に危機感を抱いた地銀が少なくなかったと想像されます。

地方は人口減少が激しいなどの経済問題がありますが、地銀は横並び意識が強いため、地銀全体の株式市場への向き合い方が底上げされると期待されます。なお、銀行株全体にポジションを取るためには、野村アセットマネジメントの「NEXT FUNDS東証銀行業株価指数連動型上場投信」（2023年11月2日の純資産は1754億円）などが便利です。

CHAPTER 5

評価できる低ＰＢＲ対策とは?

COUNTERSTRIKE BY
LOW PBR
STOCKS

求められているのは中長期的な効果がある対策

∨事業会社に対するPBRと資本コストに関するアンケート結果

みずほ証券エクイティ調査部は２０２３年６月１日に事業会社向けに「２０２３年度業績予想の評価、中期経営計画・社長交代の分析、株主総会の注目点」とのプレゼンを行ない、「東証のＰＢＲ１倍割れ対策をどのように評価するか？」とのアンケートを取ったところ、「ＰＢＲを上げるためには、足元のＲＯＥのみならず企業の中長期的な成長期待を高める必要がある」との回答が８割弱に達しました。

また、東証が7月14日時点でコーポレートガバナンス報告書に基づいて、ＰＢＲ改善策の内容を調べたところ、成長投資、株主還元の強化の順に多くなりました。

企業がＰＢＲを引き上げるために、自社株買いなどの短期的なＲＯＥ向上策だけでなく、成長戦略の重要性を理解している点は心強いと感じました。ただ、日本企業が本当に成長戦略や成長投資を行なっているのかというと、少し疑問も呈されます。成長戦略は数年かけて行なうものなので、短期的に実行できるものではありません。２０２３年度は設備投資計画が非常に強かったので、設備投資増強を成長投資と位置づけた企業も少なくなかったと推測されます。

評価される低ＰＢＲ対策の３本柱

評価される低ＰＢＲ対策には、①資本コストを意識したＲＯＥ・ＲＯＩＣの目標、②株主還元・財務戦略の具体策、③事業ポートフォリオ見直しなどの成長戦略の３本柱が必要でしょう。

③では、国内の人口減少や人手不足、グローバルなＤＸ（Digital Transformation）、ＧＸ（Green Transformation）、ＡＩ化などの中長期的なトレンドを前提に、既存事業の収益改

図表5－1 ＞ PBR1倍未満企業の改善に向けた取組み内容

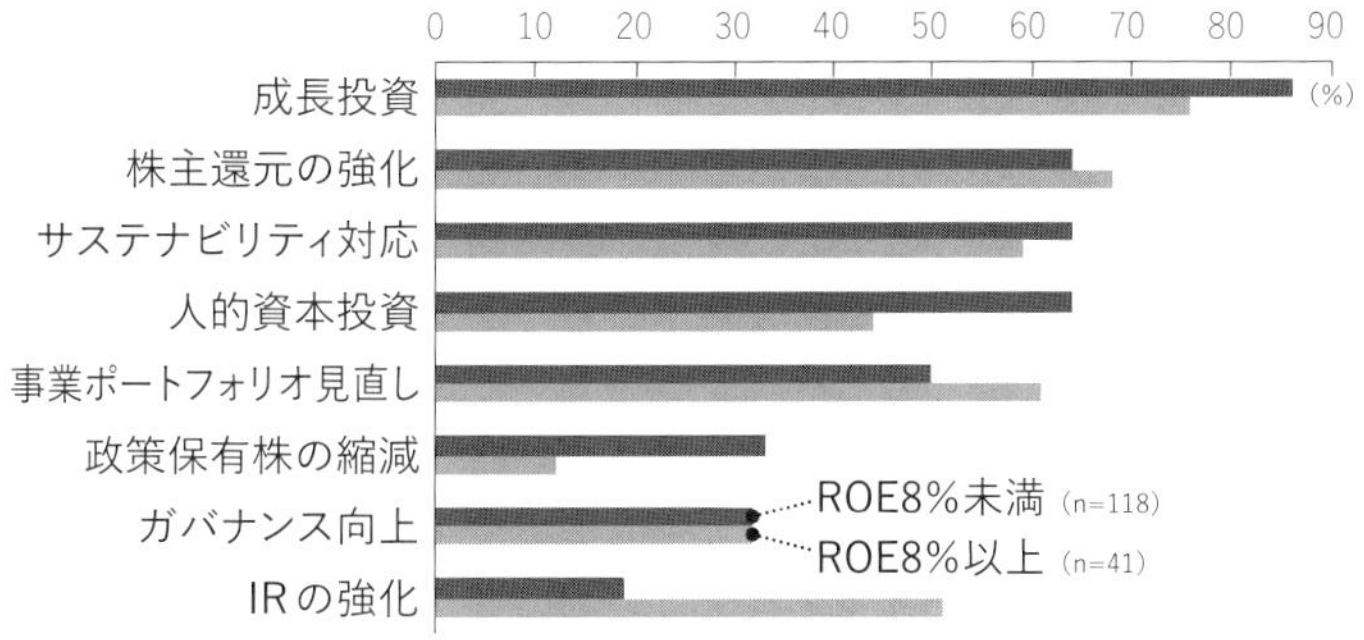

注：プライム市場の3月期決算企業で、2023年7月14日時点で取組み等を開示している企業を対象に集計
出所：東証よりみずほ証券エクイティ調査部作成

善と新規事業の成長に向けた具体策が必要です。米中対立が激しくなるなか、サプライチェーンを見直す必要性も高まっています。

4番目の評価項目として、サステナビリティを挙げるべきだとの指摘もありますが、CHAPTER 8に書いた理由から、あえて3項目で評価しました。

東証が求める低PBR対策は中長期的な効果が期待されるものであり、短期業績を押し上げることは求められていません。実際、低PBR対策が評価された企業の2023年度1Q決算自体は、まちまちの印象でした。

以下に低PBR対策が評価できる企業を紹介しますが、これらは一例であることを、あらかじめお断りしておきます。みずほ証券エクイティ調査部もすべてのコーポレートガバナンス報告書や説明会資料等を読むことはできません。既発表でも他に評価できる企業の対策があるでしょうし、今後の発表も期待されることに留意してください。東証も2024年初めに、投資家の高い支持が得られた取り組みの事例を公表するとしています。

＞ＪＶＣケンウッドは大幅増益の発表で株価が一時ストップ高

ＪＶＣケンウッドは2023年度中期経営計画目標を前倒し達成したうえで、2023年4月27日に発表した新中期経営計画「VISION2025」で、企業価値の最大化（PBR1倍超）に向けて、利益成長、資本効率向上（ＲＯＩＣ２０２２年度実績８・３％→９％以上）、株主還元・資本コスト最適化（総還元性向30〜40％）を掲げました。

　事業ポートフォリオの見直しで、事業利益に占めるセーフティ＆セキュリティ分野の比率を２０２１年度35％→２０２５年度65％に引き上げるとしました。新医療事業の譲渡の検討と発行済株式（自己株式を除く）の７・３％（上限）の自社株買いも発表しました。

　ＪＶＣケンウッドが２０２３年８月１日に発表した２０２３年度１Ｑ決算は、円安効果に加えて、セーフティ＆セキュリティ分野の無線システム事業の販売が好調だったことなどから、営業利益は前年同期比約

図表5−2 ＞ ＪＶＣケンウッドの企業価値最大化に向けた中期重点施策

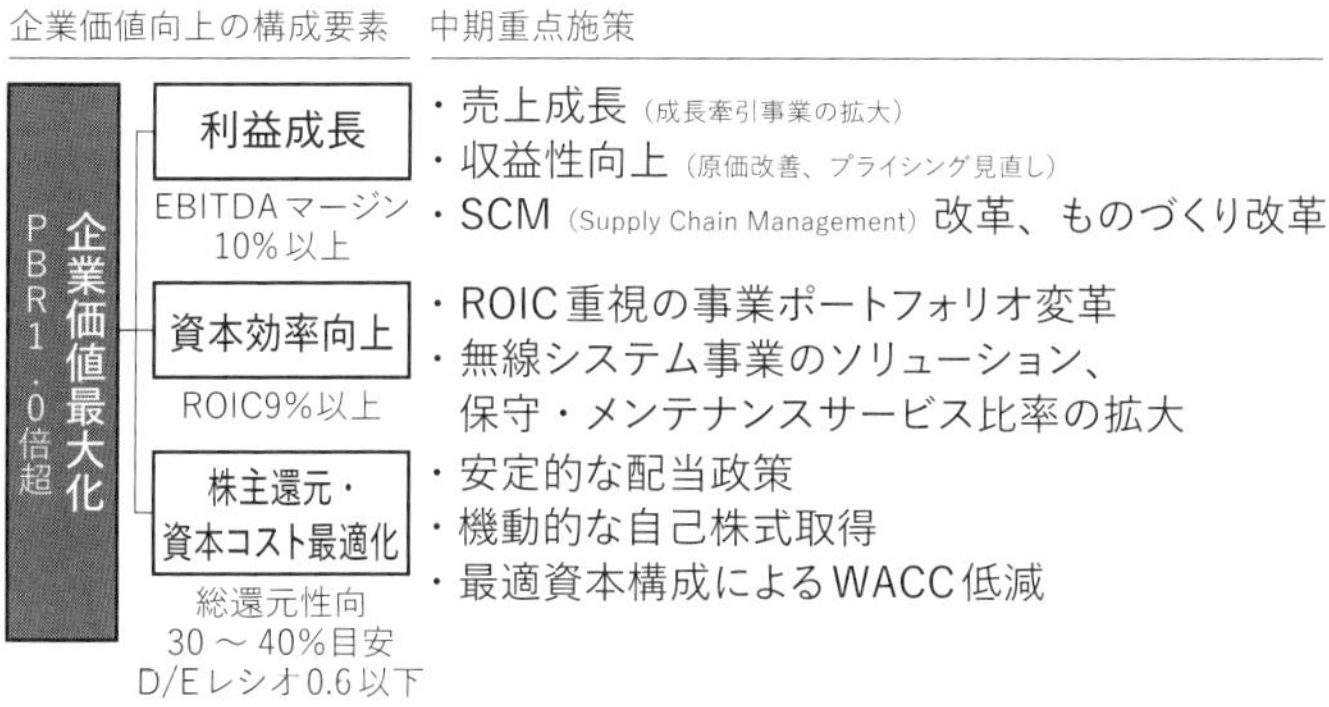

注：2023年4月27日発表
出所：会社資料よりみずほ証券エクイティ調査部作成

10倍とポジティブ・サプライズになり、株価は発表翌日にストップ高しました。4月27日に約0・6倍だったPBRは、9月4日に1倍超に上昇しました。JVCケンウッドは中間決算でも、通期業績予想の上方修正と追加の自社株買いを発表しました。

ウシオ電機は大幅減益決算で株価が下落したが……

ウシオ電機も2023年5月11日に発表した「第2次中期経営計画」で、前中期経営計画の必達目標をすべて達成し、収益構造転換をおおむね完了したと述べました。「光」のソリューション・カンパニーになる「Vision2030」を掲げて、ROEを2022年度5・7%↓2025年度8%以上を目標に掲げ、PBR1倍超の実現を目指すとしました。

事業ドメインを製品軸（＝プロダクトアウトの発想）から、市場軸（＝マーケットインの発想）へ再編し、光ソリューション提供を加速するとしました。3カ年累計で700億〜900億円の自社株投資＋配当を行ない、有利子負債の活用で資本コストを引き下げるとし、発行済株式（自己株式を除く）の17・0%（上限）もの自社株買いを発表しました。

ただ、2023年8月7日に発表した2023年度1Q決算は、半導体や電子デバイス向けの露光用ランプの稼働調整が続いたことで、売上が前年同期比▲1%、営業利益は▲54%と不振で、通期も二桁減益予想になっています。

∨大日本印刷には大手アクティビストのエリオットがエンゲージメント

大日本印刷は2023年2月9日に「ROE10％（2022年度実績は7・9％）を目標に掲げ、PBR1倍超の早期実現を目指す」という「DNPグループの経営の基本方針」を公表し、3月9日の「2023〜25年度中期経営計画骨子説明会」において、注力事業領域への集中投資、政策保有株式を純資産の10％未満に縮減、2023〜2027年度に3000億円の自社株買いなどの骨子を挙げました。

同日に開催された投資家向けの説明会には、北島義斉社長が初めて出席して説明しました。長年低ROE企業だった大日本印刷の経営が変わったのは、①北島義俊会長・北島義斉社長への株主総会における賛成率が大きく下がっていた、②大手アクティビストのエリオットをはじめとする機関投資家によるエンゲージメント、③東証の低PBR改善要請があったためと推測されます。

2023年5月17日には経営目標数値、「基本戦略・KPI・施策」にまで踏み込んだセグメント戦略、注目事業の戦略、事業構造改革・事業投資の概要、キャッシュ・アロケーションなどの財務戦略、ESGへの取り組みを含む非財務戦略など、包括的な具体策を発表しました。

決算短信でも「中長期の強靭な事業ポートフォリオの構築を進めるとともに、2023

図表5−3 > 大日本印刷の新中期経営計画における施策の骨子

目指す姿の実現に向けた取り組み

事業	・注力事業領域へ2600億円以上の集中投資（2023～27年度の5年間）により成長を実現 ・再構築事業の改革を含む事業ポートフォリオ改革
財務	・政策保有株式を純資産の10%未満に縮減 ・資本効率向上に向け3000億円の自己株式取得を計画（2023～27年度の5年間）
非財務	・人的資本ポリシーに基づき人への投資を拡大 ・DNP独自の強みと外部連携を活かして知的資本を強化 ・「脱炭素社会」「循環型社会」「自然共生社会」実現に貢献

DNPグループの
目指す
収益・資本構造

営業利益
1300億円以上
（営業利益の過去最高は
1206億円）

自己資本
1兆円
ROE　10%

上記の取り組みに加えて、特に注力事業領域について開示を拡充し、
PBR1.0倍超の早期実現を達成

注：2023年3月9日発表
出所：会社資料よりみずほ証券エクイティ調査部作成

年度からの新しい3つの事業セグメントで、注力事業領域を中心とした価値の創出を加速する」と述べました。株価は春先以降に急騰した後、約16年ぶりの高値圏で横ばいに推移しています。

＞ニコンの徳成CFOの著書『CFO思考』が素晴らしい

ニコンは2023年5月11日の決算説明資料で、「PBRの改善は経営上の重要課題と認識している。低PBRの要因は2023年度予想ROEの低下と、同業他社比で低いPERにあり、成長事業の早期立ち上げが課題だ。業績安定化に伴い、より資本効率を意識したバランスシート運営が可能になる」と述べましたが、質疑応答でPBR1倍超の達成目途について尋ねられると、達成時期についてコメントを控えたいとの答えでした。

PBRは2020年に一時0・4倍まで低下しましたが、6月16日に約4年ぶりに1倍を超えました。2022年4月に発表した中期経営計画に基づく、事業ポートフォリオの見直しが評価されていたことに加えて、半導体関連株の物色も追い風になっていました。

また、2023年6月に上梓した『CFO思考』がベストセラーになっている徳成旨亮CFOによる「攻めのIR」の効果もあるでしょう。徳成CFOは同書のなかで、ニコンのPBR1倍割れの要因は低PERだとして、サプライズのない経営と持続的成長でPE

図表5－4 ＞ニコンの資本コストや株価を意識した経営の実現に向けた対応

現状認識	◉PBRの改善は経営上の重要課題 ・株主資本コストを意識したROE目標（25年度：8％以上）を2022年4月に公表 ・ROEは21年度、22年度は7％台で推移。23年度はビジネスサイクルの関係等からROEは5％台の見通し ・低PBRの要因は、23年度減益見通しによる予想ROE低下と、同業他社比低いPERにあり、成長事業の早期立ち上げが課題 ・業績の安定化に伴い、より資本効率を意識したBS運営が可能に
方針	◉中期経営計画財務目標（25年度：ROE8％以上、営業利益率10％以上、売上収益7000億円）の達成を目指す ◉中期経営計画の資本配分方針に基づき、成長投資（戦略投資・R&D・設備投資）と株主還元の双方を推進
具体策	◉24年度の業績回復に向けた施策実行（ミラーレスカメラおよび半導体ArF液浸露光装置で新商品投入等） ◉成長事業に関する開示の充実 ◉ROEを含む財務指標と連動した役員報酬制度（22年度から適用中） ◉サステナビリティ戦略と一体化した成長戦略の推進。業界トップクラスのESG外部評価の維持 ◉「25年度1株当たり配当60円目標」に向け配当漸増（22年度配当：5円増配の45円、23年度配当：50円予想） ◉中期経営計画期間中に、300億円以上の機動的自己株式取得

注：2023年5月11日発表
出所：会社資料よりみずほ証券エクイティ調査部作成

Rを向上させると述べていました。

ただ、2023年8月8日に発表した2023年度1Qの営業利益は前年同期比▲79％の大幅減益になり、上期予想を下方修正したことがネガティブに受け止められて（通期予想は維持）、翌日に株価は11％も下落しました。

中国塗料は通期業績予想とDPS（1株当たり配当金）を大幅上方修正

中国塗料が2023年7月31日に発表した2023年度1Qの営業利益は21億円と、前年同期の赤字から黒転し、通期営業利益予想を69億円↓84億円（前年比＋116％）、予想DPSも37円↓68円と大幅に上方修正し、翌日に株価が10％上昇し、約16年ぶりの高値になりました。値上げ浸透や修繕船用塗料を中心とした高付加価値製品の拡販が寄与しました。中長期的に、洋上風力発電の普及から恩恵を受けるとの期待もあります。

中国塗料は5月18日の説明会資料で、中期経営計画の着実な実行と成果の発現により、ROEを2022年度6・8％↓2025年度までに8％以上と引き上げ（株主資本コストは8％程度と認識）、資本市場からの評価を高めPBRを向上すると明記していましたが、みずほ証券の吉田篤アナリストは、ROEが2023年度に8・1％と目標を超えると予想しています。

10月31日に中期経営計画における2025年度のROE目標を8%→10%に引き上げました。中国塗料はサステナブルで高収益なグローバル・ニッチ・トップ企業になる長期ビジョンを掲げています。

＞SWCCは経営改革の成果がまだ出ていないが……

電線業界4位のSWCC（旧昭和電線HD）は、2018年に就任した長谷川隆代社長の下、経営改革やIR強化を行ない、2023年4月に社名をSWCCに変更しました。2023年6月2日のスモールミーティング資料で、2019年度にROICを導入し、構造改革を開始して以来、ROICが導入前4年平均の3・8%から、導入後4年平均で7・1%に改善したものの、PBRが1倍に至っていないため、市場の評価向上に向けて、成長ストーリーに関する開示の強化が必要だと認識していると語りました。

スモールミーティングでは、ROIC経営が若手社員にも浸透しつつあるとの説明がありました。ROE10%を下限とし（2022年度実績は15%）、ROIC10%以上、PBR1倍以上、DPS120円以上の早期実現を目指すとし、事業ポートフォリオの最適化では脱炭素関連と海外展開を成長牽引事業に挙げました。

しかし、2023年8月3日に発表した2023年度1Q業績は、売上が前年同期比▲

3％、営業利益が▲26％と低調なスタートとなり、通期営業利益も＋2％にとどまると予想しました（中間決算で＋9・8％に上方修正）。2023年度予想DPSは75円と、長期目標の達成までは遠いといえます。

出光興産の2023年度中間決算時のPBR対策で株価が急騰

出光興産は2023年5月9日の決算説明資料に、過去5年のPBRの図を掲載し、2019年までの経営統合検討時はPBR1倍を超えた時期もありましたが、足元のPBRは0・5倍程度で推移していると記載しました。

CAPMベースの資本コストと市場期待水準の資本コストの両方を掲載し、足元の資本収益性（2022年度ROE14・2％、ROIC5・9％）はCAPMベースの資本コストを超過している一方、市場の期待リターンとのあいだには乖離があるとの認識を示しました。

出光興産は11月14日の中間決算説明資料で、2025年度のROE目標を8％→10％以上に引き上げ、資本コスト低減に合わせて取り組み、早期にPBR1倍超の目標を達成するとしました。発行済株式総数（自己株式を除く）の5・3％の自社株買いと、1対5の株式分割も発表したことで、発表翌日に株価は18％も上昇しました。

＞ＮＯＫは資本政策の見直しが評価されたが、業績悪化

ＰＢＲが約０・６倍の自動車部品のＮＯＫは、２０２３年4月19日に発表した「新中期経営計画期間中の資本政策及び株主還元に関するお知らせ」で、２０２３年度に１００億円の自己株式取得、ＤＯＥ（株主資本配当率）２・５％以上の配当、２０２４年３月期～２０２６年３月期までに政策保有株式時価総額の25％売却を発表しました。また、５月10日に発表した「２０２３～25中期経営計画」で、２０２２年度→２０２５年度にＲＯＥを２・６％→８％、ＲＯＩＣを１・９％→６・５％、営業利益率を２・２％→６・８％に引き上げる目標を掲げました。

新たな成長ドライバーとして、ＥＶ向け製品の機能別開発・拡販、グリーンエネルギー関連の製品開発・拡販、半導体装置向け製品の拡販を挙げ、グローバル成長（海外売上比率は約6割）へ事業運営体制を整備するとしました。

ＮＯＫの株価は２０２２年度業績予想を下方修正した２０２３年２月３日から、２０２３年度予想を下方修正した8月2日まで約7割上昇しましたが、８月３日には株価が10％超下落しました。２０２３年度営業利益予想は前年比＋70％→＋53％と下方修正されましたが、増益予想は維持されています。下方修正理由として、シール事業では中国やＡＳＥＡＮでの販売下振れ、電子部品事業はハードディスクドライブ（ＨＤＤ）向けの販売減など

が挙げられました。自動車やＨＤＤ向けの部品は競争が厳しく、ＮＯＫが中期経営計画どおりに資本効率性を改善できるか懸念されます。

低PBR対策が評価されたセイノーHD

トラック運送のセイノーＨＤ（２０２３年10月末時点ＰＢＲ約０・９倍）は２０２３年６月12日に発表した「中長期の経営の方向性～ありたい姿とロードマップ２０２８～」、発行済株式（自己株式を除く）の11・２％の自社株買い、配当政策の「ＤＯＥ２・４％と配当性向30％のいずれか高い金額→ＤＯＥ４％以上」への変更が評価されて、発表翌日に株価が24％も上昇しました。ＲＯＥを２０２２年度４・３％から、３～５年で８％以上に引き上げ、ＥＰＳを年率＋15～20％成長させ、ＰＢＲ１倍超を達成するとしました。

田口義隆社長（創業家出身で２００３年就任）は、「社長として考える私の成長ストーリー」として、「今後環境対策と人手不足がより顧客のペイン（困りごと）となってくるので、これに対してGreen物流による効率化を推進して解決する。顧客・社会への貢献の結果、当社の事業が成長し、企業価値が向上する」と述べました。

倉庫の拡大等で、ロジスティクス売上を２０２２年度の約６００億円から、５年後に２倍水準の成長を目指すとしました。しかし、８月10日に発表した２０２３年度１Ｑ決算で、早くも2023年度営業利益予想を5月時点の前年比+12・6%→前年比▲4・1%と下方修正したことで、発表翌営業日に株価が5・4%下落しました。

✓上組はコーポレートガバナンス報告書の真摯な表現が好感

港湾運送の上組は2023年6月30日に発表したコーポレートガバナンス報告書で、「株主資本コストを上回るROE水準の確保が必須であるとの基本認識の下、中期経営計画において、最終年度2025年3月期にROE目標を6・5%以上（2022年度実績は6・7%）、その後の目標として7%台を目指す旨を公表している。当社株式のPBRが依然1倍を割り込んだ水準にとどまっていることを（約0・9倍）、厳粛に受け止めている。当社はPBRが1倍を超える水準で定着するためには、ROEの一層の改善、長期的な成長ストーリーの構築、ESG対応の強化の3点を同時に充たす必要があると捉えており、各々の実現に向けた取り組みに着手している」と真摯に記載したことが評価されました。

上組は自己資本比率が80%超と高いこともあり、中期経営計画目標の総還元性向を2022年3月期の50%から、2023年3月期～2025年3月期に90%に引き上げました。また、5月24日の2023年3月期決算説明資料では、コンテナターミナルの競争力、自動車関連取扱い、海外事業の収益性等の強化を重点戦略に挙げました。

上組の2023年度上期の業績は、営業収益が前年同期比▲3・6%、純利益が＋2%にとどまり、通期純利益予想も▲2・5%と減益予想にしていますが、中期経営計画目標達成に向けた増益転換が必要でしょう。上組はみずほ証券の元運輸アナリストだった國枝哲氏が上級執行役員・ESG推進室長を務めているため、市場の声に対する感応度も高いと推測されます。

双日は東証の要請前からPBR1倍目標を掲げていた

中堅商社の稲畑産業は2023年6月5日の決算説明資料で、中期経営計画「NC2023」の2年目までの実績として、①2022年度に売上や営業利益が過去最高を更新、②ROEが11%と株主資本コストの8・5%を上回る、③政策保有株式を2024年3月末に2021年3月末比で5割削減する計画が順調に進捗している成果を強調しました。5月末のPBRが0・9倍と1倍割れとなっている理由として、PERが7・8倍と将来の利益成長への期待が低いことを挙げました。

商社では水素事業の成長が期待されている岩谷産業の予想PERが高い一方、鉄鋼商社の阪和興業の予想PERが低いなか、稲畑産業の予想PERは10社の平均値を若干下回っています。稲畑産業は事業価値を高め、成長期待を醸成する具体策として、自動車分野

（とくにＥＶ車）向けへの注力、バイオマス発電事業への参画、半導体関連企業への出資、米国におけるリチウムイオン電池関連材料新会社の設立などを挙げました。

稲畑産業は担当役員を中心に、投資家との個別面談による対話を積極的に実施するとしましたが、ウォーレン・バフェット氏が投資した大手商社5社に比べて、中堅商社は外国人投資家からも、個人投資家からも注目度が低いため、投資家の関心をいかに高めるかが課題となるでしょう。

双日も稲畑産業同様に外国人投資家の関心が低い商社ですが、双日は東証が低ＰＢＲ対策を要請する約2年も前の２０２１年4月に発表した「中期経営計画２０２３」で、いち早くＰＢＲ1倍超の目標を掲げた

図表５−５ ＞商社のＰＢＲと予想ＰＥＲ

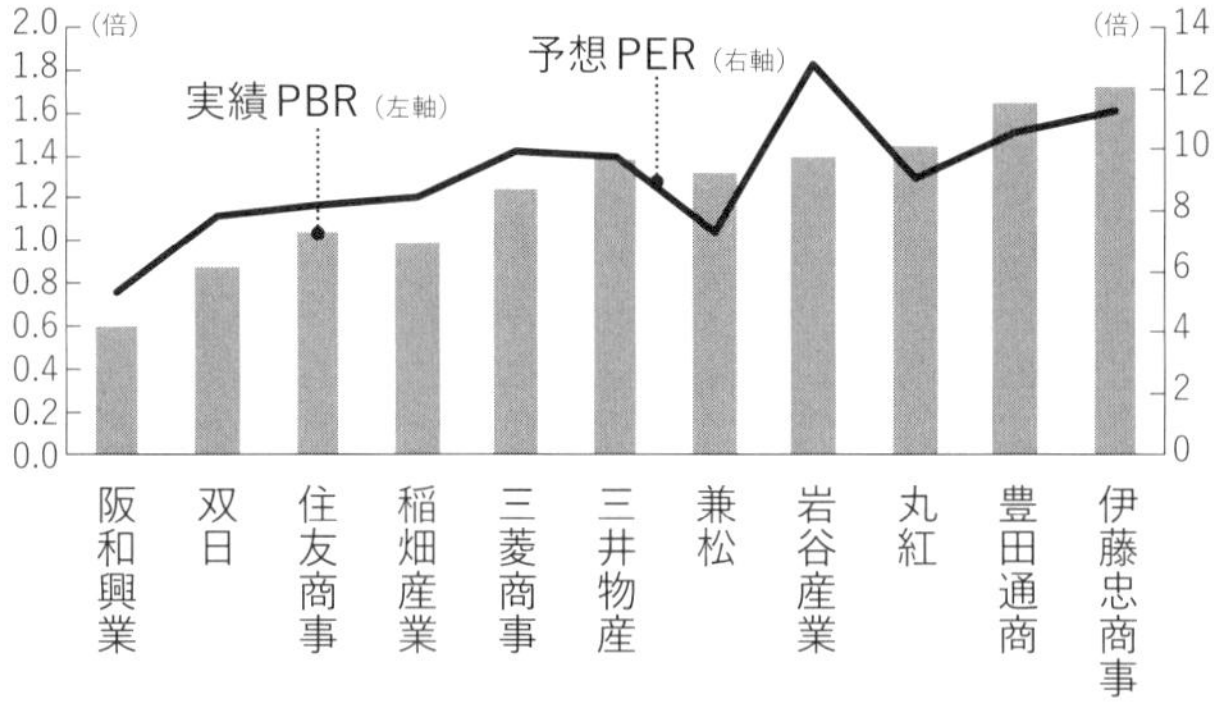

注：2023年10月31日時点。実績PBRは2022年度、予想PERは2023年度東洋経済予想
出所：QUICK Astra Managerよりみずほ証券エクイティ調査部作成

ことが評価されました。HPには株価に加えて、配当利回りとPBRもリアルタイムで掲載しています。2022年度ROEは14・2%と中期経営計画目標の10%を超えましたが、PBRは約0・9倍にとどまっています。

＞TSI HDは株価引き上げへのコミットメントを記載

アパレルのTSI HDは2023年6月12日に発表したコーポレートガバナンス報告書の〈原則5－2〉【経営戦略や経営計画の策定・公表】の項目で、「東証が3月末に発表した『資本コストや株価を意識した経営の実現に向けた対応について』を受け、東証の要請する水準を下回っているPBRについて改善を図ることが当社の経営上、重要な課題と認識しており、近い将来株価水準を引き上げるための具体的な方策について開示し、実行する予定」と記載しました。

まだ具体策は開示されていませんが、株価引き上げへの強い意志を感じられるステーツメントでした。TSI HDの過去4年度の平均ROEは2・6%であり、直近PBRは約0・7倍にとどまります。

コーポレートガバナンス報告書にリンクを張った中期経営計画「TSI Innovation Program 2025」では、2025年2月期のKPIとして、ROE5・3%以上、EBI

ＴＤＡ（利払い前・税引き前・減価償却前利益）９％以上、営業利益率４・３％（２０２３年２月期は１・０％）、ＥＣ化率40％以上を挙げました。

ＴＳＩ ＨＤは東証の低ＰＢＲ対策の決定前の１月に発行済株式（自己株式を除く）の５・８％の自社株買いを発表し、10月13日にも追加で同８・５％の自社株買いを発表しましたが、株価は横ばいにとどまりました。今後、自社株買い以外にどのような株価引き上げ策が出されるか注目されます。

＞北國ＦＨＤとコンコルディアＦＧは長期的にＰＢＲ１倍を目指す

地銀のなかでは、石川県の北國ＦＨＤと横浜銀行を傘下に持つコンコルディアＦＧの低ＰＢＲ対策が良かったといえます。

ありあけキャピタルがエンゲージメントを行なっている北國ＦＨＤは、２０２２年４月の「中長期経営戦略のアップデート及び株主還元方針の変更」で、総還元性向40％以上と地銀最高水準のＰＢＲまでの自社株買いを行なうとしていましたが、２０２３年５月８日に発表した「中長期経営戦略のアップデート及び株主還元方針の変更」で、ＲＯＥ８％以上（２０２２年度実績は３・５％）、ＰＢＲ１倍以上を目指し（２０２３年度実績は約０・５倍）、総還元性向を40％→50％以上に引き上げる目標に変更しました。

図表5-6 > コンコルディアFGの企業価値向上に向けた取り組み

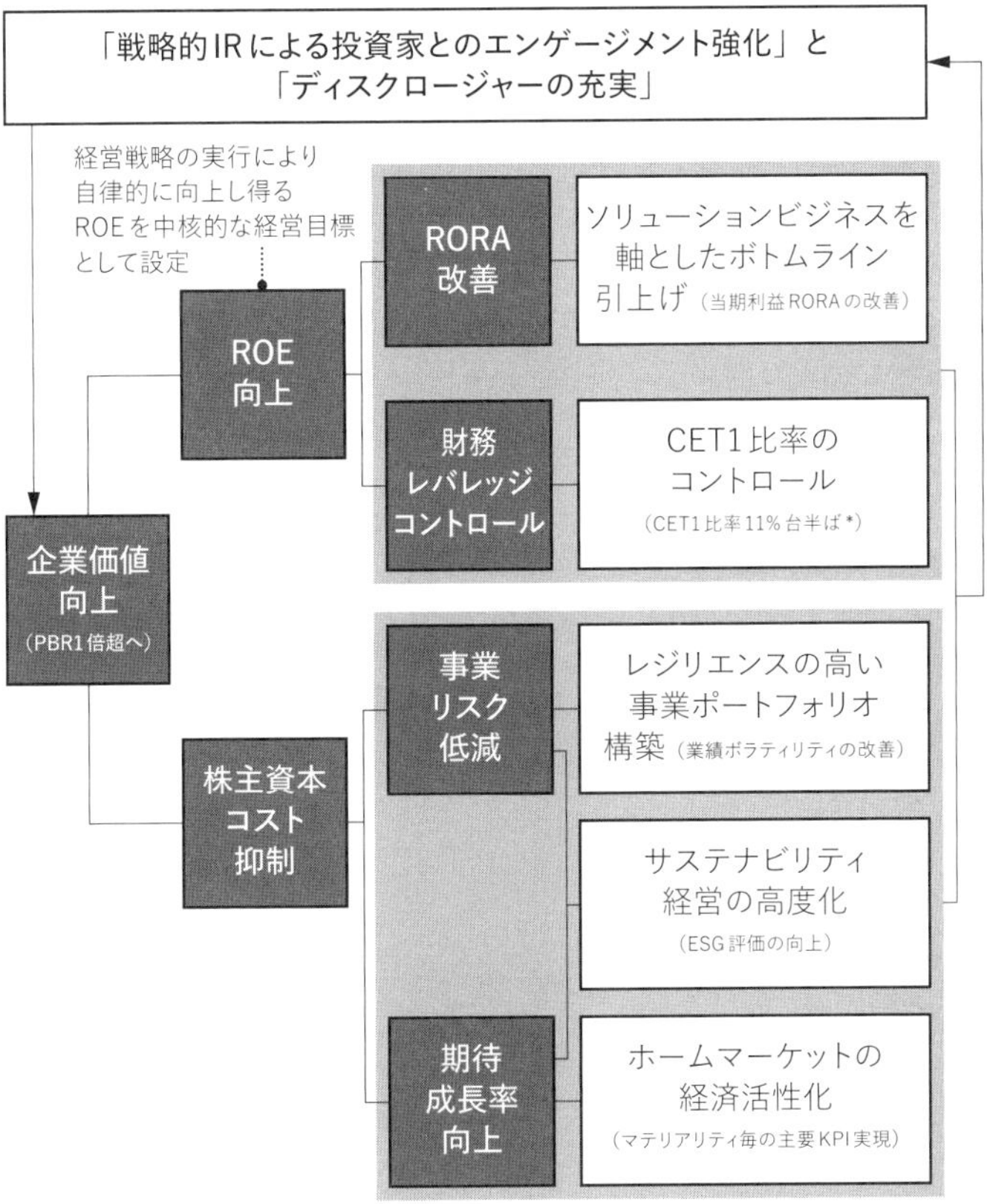

●PBR・ROE・株主資本コストの関係

$$\mathrm{PBR}=\mathrm{ROE}\times\mathrm{PER}=\mathrm{ROE}\times\frac{1}{\text{株主資本コスト}-\text{利益成長率}}$$

（広義の株主資本コスト）

注：CET1比率はバーゼルIII最終化、完全実施ベース（その他有価証券評価益を除く）
出所：会社資料よりみずほ証券エクイティ調査部作成

重点ビジネス領域を3本柱→7本柱に増やし、コンサルティング&アドバイザリー、融資とリースの一体運用、投資業務の拡大等を行なうとしました。

コンコルディアFG（PBR約0.7倍）は2023年5月22日のInformation Meeting資料で、資本コストを明示し、RORA（Return on Risk-Weighted Assets、金融機関が取っているリスクに対して収益をどれだけ上げているのかを示す指標）改善を軸としてROE引き上げと資本コスト抑制に向けた運営により、企業価値を向上（PBR1倍超へ）させるとしました。

株主資本コストを6~9%程度と認識し、ROEを2022年度の5%から、長期的に9%以上への引き上げを目指します。ROEロジックツリーを掲載し、ROE向上に向けた5つのドライバー（収益力強化、コストコントロール、リスクアセットコントロール、資本の最適配分、株主還元の充実）を強化する経営戦略を実行するとしました。

コンコルディアFGは2020年より元著名銀行アナリストの山田能伸氏が社外取締役を務めているので、株式市場への意識が高いと考えられます。

✓未来工業の中期経営計画発表は独自のものだった

岐阜県に本社がある建築用電材を主要製品とする未来工業は、2023年4月27日に株主還元方針の見直しを含む中期経営計画を発表したことから、東証の低PBR対策要請への反応だと思われましたが、会社に取材したところ、以前から中期経営計画を検討していたものであり、偶然東証の要請とタイミングが同じになったという話でした。

2023年7月26日に発表した2023年度1Qの売上は前年同期比+15%、営業利益+78%と大幅な増収増益になりました。株価は2022年12月の安値から2倍以上に上昇して、PBR1倍を達成しました。中期経営計画は、①ROEを2022年度5・6%→2025年度8・1%、②営業利益率を2022年度10・2%→2025年度13・5%、③安定配当→2024年3月期〜2026年3月期に配当性向50%またはDOE（株主資本配当率）2・5%、④IR活動強化を骨子としました。

企業価値最大化という言葉は入っていましたが、PBR1倍の目標は入っていませんでした。同社は昔から社員に優しいホワイト企業として知られていましたが、株式市場にもフレンドリーになってきたことが、ポジティブ・サプライズになりました。

電設資材分野ではパナソニックHDがガリバーであり、同社は大手があまり触手を伸ばさない、単価が相対的に低い雑材を主に取り扱っています。同社は同業他社と同じ製品をつくらないことをモットーにしているので、売上の約4割がトップシェア製品です。

株主還元・財務戦略	事業改革
発行済株式の上限6.1％の自社株買いと増配	イクシスLNGの成長、再エネの安定収益化、水素・アンモニア事業等の推進
配当性向30％程度、下限配当設定	メガトレンドを基とした成長分野をふまえて、注力領域を3つに設定
近い将来株価水準を引き上げるための具体的な方策について開示	EC化率40％以上
配当性向40％以上、下限配当35円	サステナブルで高収益なグローバル・ニッチ・トップ企業
CAPMベースの資本コストと市場期待水準に乖離	投下資本の圧縮と収益最大化によるROIC改善
DPS120円以上	脱炭素関連と海外展開が成長牽引事業
総還元性向30〜40％	売上成長、収益性向上、SCM改革、ものづくり改革
積極的な自社株投資、負債活用による資本コスト引き下げ	市場軸で事業ポートフォリオを再編・位置づけ、成長期待領域での戦略投資
累進的な配当を基本とし、配当性向は40％程度	メリハリを利かせたアセットアロケーションを強化
2023年度に100億円の自己株式取得、DOE2.5％以上の配当	EV向け製品の機能別開発・拡販、グリーンエネルギー関連の製品開発・拡販
総還元性向を40％→50％以上と引き上げ	コンサルティング＆アドバイザリーの強化、投資業務の拡大
総還元性向40％以上	ミラーレスカメラに経営資源を集中、半導体周辺装置の拡販
総額3,000億円の自己株式取得	注力事業領域へ集中投資、再構築事業の改革含む事業ポートフォリオ改革
政策保有株式を計画通り縮減、財務レバレッジを活用	成長施策の着実な実行により、事業価値を継続的に向上
配当性向2022年度40％→2025年度30％以上	EC店舗とリアル店舗のシナジー、ファンベース戦略
発行済株式の11.2％の自社株買い、DOE2.4％→DOE4％以上	Green物流による効率化、ロジスティクス事業の拡大
総還元性向は2022年3月期の50％→2023年3月期〜2025年3月期に90％	コンテナターミナルの競争力強化、自動車関連取扱い強化、海外事業の収益性強化

図表5-7 > 低PBR対策が評価される主な企業

コード	会社名	株価（円）	実績PBR（倍）	ROE・ROIC目標
1605	INPEX	2,183	0.75	6％程度のWACCを上回るROICの安定的確保
2768	双日	3,106	0.86	2023年度にROE10%超、PBR1倍超
3608	TSI HD	800	0.68	2025年2月期のKPIはROE5.3%、OPM4.3%
4617	中国塗料	1,357	1.16	ROE2022年度6.8％→2025年度8%以上
5019	出光興産	3,419	0.62	2025年度ROE8%、ROIC5%目標の引き上げを検討
5805	SWCC	2,079	0.92	ROE10％を下限、ROIC10％以上
6632	JVC ケンウッド	644	1.07	ROE2022年度18.2％→2025年度10%以上、ROICは8.3%→9%以上
6925	ウシオ電機	1,830	0.88	ROE2022年度5.7％→2025年度8%以上
7186	コンコルディア FG	697	0.71	ROEを2022年度5％→中計6%→長期的に7%程度
7240	NOK	1,767	0.57	2022年度→2025年度にROEを2.6%→8%、ROICを1.9%→6.5%
7381	北國FHD	4,965	0.54	ROE8％以上、PBR1倍以上を目指す
7731	ニコン	1,416	0.80	ROE2022年度7.4％→2025年度8%以上
7912	大日本印刷	3,909	0.94	ROE2022年度7.9％→2025年度8%以上→持続的に10%
8098	稲畑産業	3,130	0.97	ROEが11％と株主資本コストの8.5%を上回る
8173	上新電機	2,389	0.63	ROEを2022年度5%→2025年度8%→2030年度10%以上
9076	セイノーHD	2,190	0.89	ROEを2022年度4.3％から、3～5年で8%以上に引き上げ
9364	上組	3,050	0.90	2025年3月期のROE目標6.5%以上

注：2023年10月31日時点。実績PBRは2022年度。このリストは推奨銘柄ではない
出所：会社資料、QUICK Astra Managerよりみずほ証券エクイティ調査部作成

今後資本コストを意識した経営や低ＰＢＲ対策を発表予定の企業

∨対策を発表する予定の企業は株価のリアクションが期待される

すでに低ＰＢＲ対策を発表した企業は、株価に織り込んだ可能性がある一方、今後ＰＢＲ対策を発表する企業は、株価のリアクションが期待されます。

当然、短期間で策定される付け焼き刃的な低ＰＢＲ対策よりも、時間をかけてじっくり検討された対策のほうが、内容が濃くなる可能性があります。また、資本コストを意識した経営について「検討中」とだけ書く企業よりも、いつまでに対策を発表すると期限を明記した企業のほうが評価されます。

東証も、２０２３年４月19日に発表した「コーポレートガバナンスを巡る東証の最近の取り組み」で、コーポレートガバナンス・コードにおける「エクスプレイン」のポイントで、「昨今、『検討中』という説明のまま、数年間も放置している事例が見られるなど、コンプライ・オア・エクスプレインが形骸化しているとの指摘もなされている」と述べています。

低PBR対策の発表時期を明記した企業が評価される

陸運の丸運（2023年10月末時点の実績PBRは約0・3倍）は2023年6月26日に発表したコーポレートガバナンス報告書に、「東証からの要請である資本コストや資本収益性を意識した経営に関する対応方針・目標につきましては、今後半年程度をかけて十分な検討を重ね、2023年内を目途に開示する予定」と記載しました。

極東証券（同約0・7倍）は2023年11月1日に発表したコーポレートガバナンス報告書に、「資本コストや株価を意識した経営の具体的な取り組みを示す中期事業計画（2024年度〜）については、さらなる検討を行い開示を行っていく」と記載しました。

茨城県・栃木県の地銀のめぶきFG（同約0・5倍）は同日に発表したコーポレートガバナンス報告書に、「資本コストや株価を意識した経営の実現に向けた対応について、2023年度内の開示を予定している」と記載しました。

岩崎通信機（同約0・3倍）も2023年10月2日発表のコーポレートガバナンス報告書に、「今後は資本コストや株価を意識した経営の実現に向けて、現状を分析・評価し、具体的な取り組みについて開示、実行していく予定」と記しました。

コード	会社名	実績PBR（倍）	CG報告書提出日	記載内容（抜粋）
6810	マクセル	0.89	2023/10/30	資本コストや株価を意識した経営の実現に向けた対応は段階的に検討を進めており、2024年度第1四半期中の中期経営計画の発表に合わせて計画策定と開示を行い、その後具体的な取組みを実行していく予定
7167	めぶきFG	0.54	2023/6/23	資本コストや株価を意識した経営の実現に向けた対応について、2023年度内の開示を予定
7180	九州FG	0.63	2023/6/23	2024年4月にスタートする「次期グループ中期経営計画」で、資本コストの把握や現状分析、取組方針・施策の策定に向けた検討。取組方針・施策は、次期グループ中期経営計画とあわせて2024年3月の開示を予定
7201	日産自動車	0.43	2023/7/5	長期ビジョン「Nissan Ambition 2030」の実現に向けた次の中期経営計画発表の際に、資本コストを上回る資本収益性を実現するための財務戦略についても言及する予定
7545	西松屋チェーン	1.52	2023/6/2	資本コストの把握をはじめとする現状分析、計画の策定・開示、取組みの実行、開示のアップデートに係る社内体制の整備、各種指標の算出・とりまとめ等について検討
8253	クレディセゾン	0.59	2023/7/3	具体的な資本コストや株価を意識した経営の実現に向けた対応として、中長期経営戦略及びALM委員会での現状分析等を踏まえて方針を決定するため、対応方針等は2024年5月の開示となる予定
8304	あおぞら銀行	0.82	2023/7/12	中期経営計画最終年度にROE8%とする目標を定めている。ROE目標を達成するため各種施策を推進し、PBR1.0倍に向けた持続的な企業価値向上を目指すとともに、中期経営計画の進捗を含む開示の充実に努める
8341	七十七銀行	0.49	2023/6/29	資本コストや株価を意識した経営の実現に向けた方針や目標、具体的な取組み等については現状評価と合わせ、取締役会における議論を深めたうえで、2023年度内を目途に開示を行う方針
8424	芙蓉総合リース	1.00	2023/6/28	資本コストや株価を意識した経営の実現に向けた対応については、取締役会にて現状の分析・評価および方針等の検討を進めたうえで、2023年度中に開示する予定としている
8601	大和証券グループ本社	0.89	2023/7/14	具体的な取組みや時間軸などを示す計画については、2024年度を開始年度とする次期中期経営計画に盛り込む予定であることから、開示の見込み時期としては2024年5月頃を想定
8706	極東証券	0.70	2023/11/1	今後、具体的な取り組みを示す中期事業計画（2024年度～）は検討を行い、開示を行っていく
9020	JR東日本	1.20	2023/6/22	資本コストや株価を意識した経営の実現に向けた対応については、2023年度期末決算発表までに開示予定
9401	TBS HD	0.52	2023/7/6	成長戦略など、ROEの向上やPBRの改善に向けた方策は、今後東証の要請にしたがって開示
9504	中国電力	0.76	2023/8/4	資本コストや株価を意識した経営の実現に向けた現状評価や取組み方針・目標、内容は開示の充実を検討

図表5−8 > 資本コストや株価を意識した経営に向けた対応を今後開示する予定の主な企業

コード	会社名	実績PBR（倍）	CG報告書提出日	記載内容（抜粋）
1301	極洋	0.87	2023/6/27	PBR向上に向けた対応策については、現状分析を実施しており、取組みがまとまり次第、速やかに開示
1803	清水建設	0.93	2023/6/29	資本コストや株価を意識した経営の実現に向け、取締役会で現状を分析・評価し、改善に向けた方針や目標等を検討のうえ、できる限り速やかに開示を行う予定
1944	きんでん	0.88	2023/6/28	取締役会において現状分析や評価を行い、2023年度中の開示に向けた準備を進める
2899	永谷園HD	1.06	2023/6/30	当社グループの収益計画や資本政策の基本的な方針並びに収益力や資本効率等に関する目標値の公表について検討
3401	帝人	0.61	2023/6/23	2024年度に資本効率を意識した事業ポートフォリオ再構築の検討をふまえた新中計を公表
3608	TSI HD	0.68	2023/7/13	東証の要請する水準を下回っているPBRについて改善を図ることが当社の経営上、重要な課題と認識しており、近い将来、株価水準を引き上げるための具体的な方策について開示し、実行する予定
3861	王子HD	0.68	2023/6/29	資本コストや株価を意識した経営の実現に向けた対応の開示については、現在開示内容を検討している
4042	東ソー	0.79	2023/6/23	PBRの改善には、成長戦略を確実に遂行し、実績を残すことで、成長に対する市場の信頼を得ることが重要。詳細の現状分析及び課題に対する取り組みは、取締役会での十分な議論を経て改めて開示
5233	太平洋セメント	0.61	2023/6/30	資本コストの把握等の現状分析、計画の策定・開示について検討を行っている。資本コストや株価を意識した経営の実現に向けた具体的な計画については、次期中期経営計画策定とあわせ検討
5703	日本軽金属HD	0.50	2023/6/27	資本コストや株価を意識した経営の実現に向けた現状分析を進め、具体的な取組みを取締役会で検討・策定
5741	UACJ	0.59	2023/6/22	現在策定中の第4次中期経営計画では、資本コストを上回る収益性の実現、当社経営指標ROE、ROICの資本効率の向上やPBRの改善が課題と考えている。第4次中期経営計画は2024年3月～5月に公表を予定
6013	タクマ	1.15	2023/6/28	PBR は1倍を超過しているが、今後現状分析をさらに進め、資本収益性や市場評価の改善に向けた方針や目標設定を含め、検討を進める
6302	住友重機械工業	0.74	2023/7/3	中期経営計画及び長期戦略に対し、セグメント・事業部門毎の最適なKPIをもとに、目標とするROICを如何にして達成するかの計画と戦略を更に具体化し、次期中期経営計画策定のなかで取締役会での審議を深める
6586	マキタ	1.36	2023/6/29	資本コストや資本収益性や市場評価等に関する①現状評価、②方針・目標、③取組み・実施時期を開示していないが、決算説明会資料や統合報告書等において、収益性や成長性に関する説明を適宜行っていく

注：2023年10月31日時点。実績PBRは2022年度。このリストは推奨銘柄ではない
出所：会社資料、QUICK Astra Managerよりみずほ証券エクイティ調査部作成

新明和工業（同0・8倍）も2023年7月18日のコーポレートガバナンス報告書で、「PBR向上に向けた対応策については現在検討中であり、対応策がまとまり次第、開示する予定」と書きました。

✓日産自動車は次期中期経営計画時に財務戦略を発表予定

日産自動車（同0・45倍）は2023年7月5日に発表したコーポレートガバナンス報告書に、「長期ビジョン（Nissan Ambition 2030）の実現に向けた次の中期経営計画発表の際に、資本コストを上回る資本収益性を実現するための財務戦略について言及する予定」と記しました。

過去3年のうち2年が最終赤字だった帝人（同約0・6倍）は、2023年6月23日に発表したコーポレートガバナンス報告書にリンクを張った決算説明資料で、「2024年度に資本効率を意識した事業ポートフォリオ再構築の検討を踏まえた新中期経営計画の公表を予定している」と記載しました。

化学のUBE（同約0・6倍）は2023年7月4日のコーポレートガバナンス報告書に「2023年3月31日に東証から要請があった資本コストや株価を意識した経営の実現に向けた対応については、自社の資本コスト・資本収益性・株式市場での評価を十分分析したうえで、できる限り速やかに開示する」と記しました。

ＰＢＲがわずか０・３倍の井関農機は、２０２３年11月14日のコーポレートガバナンス報告書で、「資本コストや株価を意識した経営の実現に向けた対応について、現在分析と検討を進めており、２０２３年度末決算時に開示する予定です」としました。

資本コストを意識した経営の検討状況について、コーポレートガバナンス報告書に記載のあった企業としては、「取締役会や戦略経営会議において、資本コストや資本収益性を把握する等の現状分析を行っている」（三菱マテリアル）、「資本コストや株価を意識した経営の実現に向けた現状分析を進め、具体的な取組みを取締役会で検討・策定していく」（日軽金ＨＤ）、「取締役会、経営会議で資本効率の向上、ＰＢＲ１倍以上の実現に向けて議論を進めている」（ＵＡＣＪ）がありました。

CHAPTER 6

資本効率を高める前提としての「資本コスト」への意識

COUNTERSTRIKE BY
LOW PBR
STOCKS

「資本コスト」の理解と対話はむずかしい

∨株主資本のコストはゼロでない

低ＰＢＲ対策のひとつとして資本効率を高めるという場合に、「ＲＯＥやＲＯＩＣを高める」という施策を掲げるのは一般的ですが、その前提となる「資本コスト」とはそもそも何でしょうか。

古い話で恐縮ですが、１９９９年に私は『資本コストを活かす経営：推計と応用』という翻訳書を東洋経済新報社から出しました。シャノン・プラット氏の『Cost of Capital-Estimation and Applications』という英語の本を訳したものです。

この本の帯書きには、「資本コストはバリュエーション及び企業の意思決定プロセスの重要な構成項目であるが、資本コスト理論は期待キャッシュフロー予想理論に比べ十分理解されていない」と書いてあります。

最近米国の大手テクノロジー企業のＣＥＯには、ファイナンスとエンジニアリングのマスターのダブル学位を取った人が増えていますが、日本企業の社長には工場や販売など現場出身の方が多いため、ファイナンスの知識が十分でないケースが散見されます。「株主資本」をコストがかからない、「自己資本」と見なし、自社の資本コストは借入金利のみだと誤解していた地方の上場企業の社長もいたぐらいです。

株主資本コストは、株式という資金を提供する投資家が要求（期待）するリターンです。ニコンの徳成旨亮ＣＦＯは著書『ＣＦＯ思考』のなかで、「投資家の期待リターンである『資本コスト』を知ることがＣＦＯの第一歩だ。資本コストを下げるためには投資家にとって、サプライズのない経営を行うことが肝要だ」と述べています。

東証は２０２３年３月末の「資本コストや株価を意識した経営の実現に向けた対応について（案）」で、上場企業にまず自社の資本コストや資本収益性を的確に把握することを要請しました。理論的には、株主資本コストを上回るＲＯＥ、ＷＡＣＣを上回るＲＯＩＣをあげないと、ＰＢＲは１倍割れとなるからです。

企業価値向上のために必要な資本コスト経営

日本証券アナリスト協会は、２０２０年８月に『企業価値向上のための資本コスト経営』との書物を上梓しました。この本を中心的にまとめられた同協会の前原康宏専務理事

（当時）は、２０２０年10月15日のみずほ証券のセミナーで次のように述べました。

・資本コストの「サイエンス」的な理解は必要だが、それだけでは十分でなく、「アート」である経営判断を加味することも必要である。

・資本コストは、前提条件や推定方法が変わらなければ、特定の時点では誰がいつどのような方法で計算しても同じ結果になる。しかし、投資家が常に同じ情報を持ち、投資リターンに対して同じ期待を持っているなどの前提条件は現実的ではない。推定においては過去の数値を用いざるを得ないが、過去の延長線上に必ず未来があるわけではない。重要なことは、サイエンスとしての資本コストの限界を理解したうえで、企業と投資家が実際の対話で経営判断も加味した資本コストを活用することである。

・投資家との対話の場において、企業は自ら経営を行なっている立場から事業セグメントごとの資本コストを算定し、各事業の経済性に関する見方を説明する。一方、投資家は他の企業や事業を参考にしながら事業セグメントごとの資本コストを算定し、俯瞰的に各事業の経済性に関する見方を提示する。企業と投資家は、双方が示す事業セグメントごとの資本コストを叩き台として事業の経済性について議論する。そうした議論を行なうことが、企業と投資家との対話を建設的なものとし企業価値向上に貢献する。

・企業価値を向上させるためには、資本コストを使って事業ごとの収益性をみる事業ポートフォリオの考え方に沿った経営を行なうことが必要である。事業ポートフォリオの考え方は、企業価値の向上に貢献する事業とそうでない事業を峻別し、企業がとっている事業戦略が妥当か否かを明白にする。事業ごとの収益性をみるうえでは、全社一律の加重平均資本コストではなく、事業部別のリスクに見合った加重平均資本コストを用いることが望ましい。

＞資本コストは開示義務ではないが……

東証の要請でも、資本コストを意識した経営を求めているだけであり、資本コストの開示は義務でないので、開示していない企業が多くなっています。みずほ証券が２

図表６－１ ＞資本コストに関する事業会社に対するアンケート調査

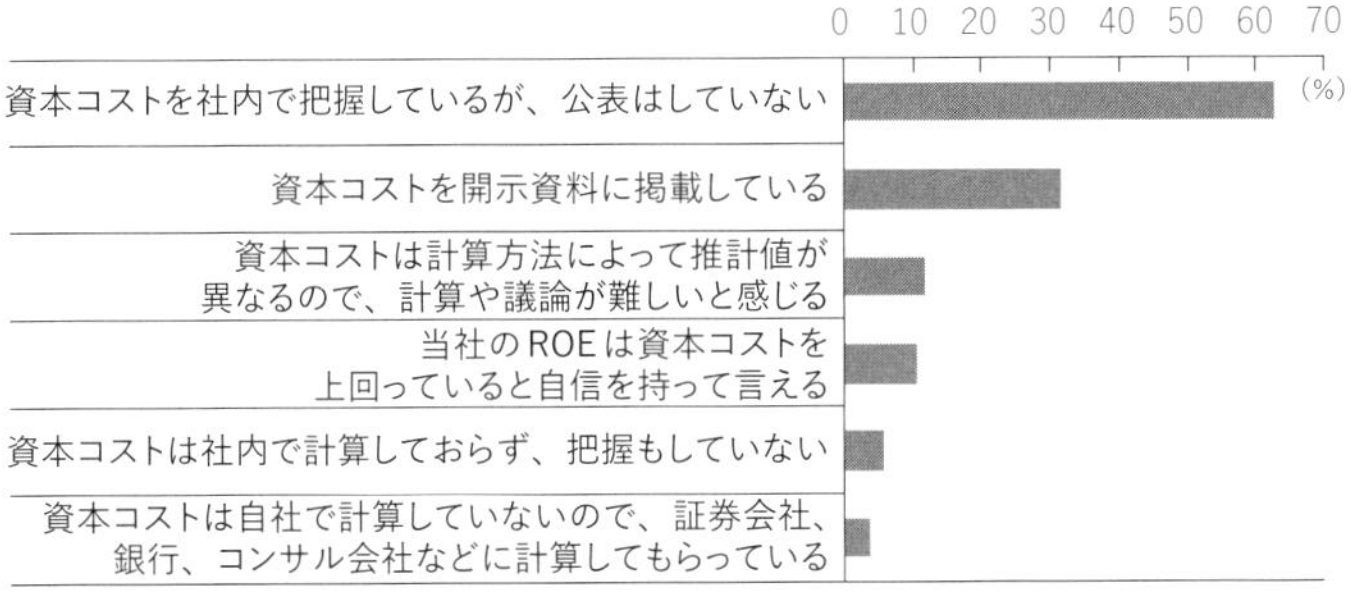
0 10 20 30 40 50 60 70
(%)
資本コストを社内で把握しているが、公表はしていない
資本コストを開示資料に掲載している
資本コストは計算方法によって推計値が異なるので、計算や議論が難しいと感じる
当社のROEは資本コストを上回っていると自信を持って言える
資本コストは社内で計算しておらず、把握もしていない
資本コストは自社で計算していないので、証券会社、銀行、コンサル会社などに計算してもらっている

注：みずほ証券主催の2023年6月1日開催の事業法人向けセミナー「2023年度業績予想の評価、中計・社長交代の分析、株主総会の注目点」における調査。回答者数86人。複数回答
出所：みずほ証券エクイティ調査部作成

023年6月に事業会社に対して行なったアンケート調査でも、資本コストを社内で把握しているものの、開示しない企業が6割超に上りました。

シンガポールのひびきパースが2023年6月20日の日本高純度化学の株主総会で行なった株主資本コストに関わる定款変更の株主提案は賛成率25・6％で否決されました。日本高純度化学は「資本コストを公表したとしても、必ずしも株主・投資家との建設的な対話に資するものではない」と反論しました。

また、ストラテジックキャピタルがワキタに行なった資本コストの開示、PBR1倍以上を目指す計画の策定及び開示を求める株主提案も、賛成率20％で否決されました。ワキタは「資本コストの数字の開示自体が重要なのではなく、資本コストの把握を通じた収益計画等の構築が重要だと認識している」、「PBR対策を会社の根本規則である定款に記載することはなじまない」と反論しました。

＞ROE－株主資本コスト＝エクイティ・スプレッド

生命保険協会が2023年4月21日に発表した「企業価値向上に向けた取り組みに関するアンケート集計結果（2022年度版）」（回答企業数は469、投資家数は98社）は、機関投資家と企業の認識ギャップの大きさを示しました。

図表6－2 ＞ ROE、手元資金、経営目標に関するアンケート結果（%）

	企業		投資家	
	2021年度	2022年度	2021年度	2022年度
資本コストに対するROE水準の見方				
ROEが資本コストを上回っている	49.8	54.9	4.3	4.2
ROEと資本コストが同程度	15.9	15.4	36.2	26.3
ROEが資本コストを下回っている	27.3	23.4	55.3	62.1
資本コストを把握していない、わからない	7.0	6.3	4.3	7.4
回答数	458	463	94	95
手元資金の水準についての認識				
手元資金は適正	65.6	64.5	23.4	21.9
手元資金は余裕がある水準	31.8	31.8	74.5	78.1
手元資金は不足	2.5	3.6	2.1	0.0
回答数	471	468	94	94
中期経営計画の指標・経営目標として重視すべき指標				
ROE	57.5	58.7	85.3	83.3
利益額・利益の伸び率	53.7	53.1	41.1	30.2
売上・売上の伸び率	46.5	45.6	21.1	10.4
配当性向	32.6	35.8	26.3	26.0
Eに関する指標	22.1	35.3	36.8	39.6
Sに関する指標	15.2	24.6	33.7	35.4
ROIC	12.8	17.6	46.3	51.0
自己資本比率	16.2	17.3	18.9	20.8
総還元性向	11.6	13.9	30.5	39.6
FCF	8.8	9.9	33.7	30.2
ROA	11.4	9.6	22.1	24.0
DOE	5.9	7.9	10.5	18.8
資本コスト（WACC等）	2.3	3.0	37.9	40.6
回答数	475	467	95	96

出所：生命保険協会よりみずほ証券エクイティ調査部作成

ＰＢＲに大きな影響を与えるＲＯＥと資本コストの関係については、企業ではＲＯＥが資本コストを上回っていると回答した割合が２０２１年度49・８％↓２０２２年度54・９％と高まった一方、投資家ではＲＯＥが資本コストを下回っていると回答した割合が同55・３％↓62・１％と増えました。

また、「ＲＯＥ－株主資本コスト」で示されるエクイティ・スプレッドについても、東証が２０２３年７月から算出を開始するＪＰＸプライム１５０指数の基礎データにもなっているにもかかわらず、まだまだ意識が高まったとはいえません。日経４紙における「資本コスト」の登場回数が増加傾向にありますが、「エクイティ・スプレッド」の掲載回数は依然少なくなっています。

なお、一橋大学大学院の藤田勉特任教授（元シティグループのストラテジスト）は「エクイティ・スプレッドは和製英語だ」と指摘しましたが、外資系運用会社では「エクイティ・スプレッド」ではなく、「ＲＯＥスプレッド」との用語を使うところもあるようです。

資本コストの算出・公表は少ない

同じ生保協会のアンケート調査で、中期経営計画の指標・経営目標として重視すべき指標については、投資家ではＷＡＣＣなどの資本コストと答えた割合が37・９％↓40・６％

と増えた一方、企業では資本コストと答えた割合はわずか2・3％↓3・0％にとどまりました。

ROEと答えた企業は57・5％↓58・7％、ROICと答えた企業は12・8％↓17・6％と増え、ROEやROICを意識する企業は着実に増えましたが、投資家のROEの85・3％↓83・3％、ROICの46・3％↓51・0％とのギャップは依然として大きいといえます。

また、日本企業は非効率なバランスシートが低ROEにつながっていますが、手元資金は適正と答えた企業が65・6％↓64・5％と約3分の2だった一方、手元資金に余裕がある水準と答えた投資家が74・5％↓78・1％と8割弱に上りました。

企業の62％がROEの目標値を設定・公表しているとのことですが、自社の資本コストを公表している企業は少なくなっています。約3割の企業は資本コストを算出していないと答えた一方、算出している企業では株主資本コストが6％台という回答が最多でした。機関投資家では、日本企業の平均的株主資本コストは8％程度との認識が多いようです。

資本コストを開示した主な企業

金融業界は高い株主資本コストを認識

資本コストに開示義務はありませんし、自主的に開示する企業も中期経営計画や説明会資料など様々な媒体に発表するので、見つけるのが容易でありません。

みずほ証券エクイティ調査部が手作業でこれらの媒体を見たところ、最も高い株主資本コストを発表した企業はみずほFGの11％でした。インベスコ・アセット・マネジメントのヘッド・オブ・ESGの古布薫氏は、『商事法務』の2023年10月25日号に寄稿した「なぜ今資本コストなのか」で、みずほFGは資本市場の現在の評価を真摯に受け止めた点が優れていると指摘しました。第一生命HDと東京センチュリーも株主資本コストを10％とするなど、金融が高い株主資本コストを認識しています。

エーザイと第一三共が株主資本コストをともに8％と発表するなど、同業種は類似の株主資本コストになることが少なくありません。

公益など業績が安定している業種は低い資本コストを出す傾向がありますが、東京ガスはWACCを2・6％と発表しています。

株主資本コストとWACCの両方を開示している企業もある一方、片方だけの企業もあります。説明会資料などに資本コストの幅だけを図で示し、数字の明示をしていない企業もあります。

資本コストは投資家が要求するリターンですので、それらが高いか低いかは、投資家と企業が意見を持ち寄って、すり合わせる必要があります。

資本コストの算出法はいくつかありますが、ブルームバーグなどの情報端末を使えば、簡単に計算できます。株主資本コストを10・1％と発表したセガサミーHDは、算出にブルームバーグを使ったと明記しました。

資本コストは計測期間によっても異なり、時間とともに変動もします。大きい企業であれば、財務部などが自前で資本コストを計算できるでしょうが、小さい企業であれば、コンサル会社や証券会社等に算出してもらうのも一手でしょう。

＞資本コストの開示が優れた企業

2023年9月19日の日本経済新聞は社説で、「好事例として目をひくのが村田製作所

WACC（%）	エクイティ・スプレッド（%）	時期	手法
	4.6	2023年3月期	ブルームバーグ
6.9			CAPM
			CAPM
7			
		2023年3月期末	CAPM
3.5		2023年3月期	
		2025年度見通し	
6%程度			CAPM
7.6		2022年3月期	
7.5			
3.2			
		2022年度	CAPM、株式益利回り
			CAPM
約6%		2022年度	
			CAPM
			CAPM
5		2022年度	
			CAPM
3.5 ～ 4			
5.5		2021 ～ 2024年度	
2.99			CAPM
		2023年度計画	
4		2022年度	CAPM
5.31		2023年3月	
		2023年度想定	
2.4%~3.3%と推定			CAPM
2.49		2023年3月期末	
7			
6	9	2023年3月期	-
約6			
5 ～ 6			
5		2022年6月期	
4.5		2022年度	
4.1			
4		2022年度	
2.6		2023年度見通し	CAPM

図表6-3 > 資本コストを開示した主な企業

コード	会社名	掲載場所	株主資本コスト（%）
8411	みずほFG	説明会資料	11
6460	セガサミーHD	説明会資料	10.1
8439	東京センチュリー	中計	10
8750	第一生命HD	中計	10
5333	日本ガイシ	説明会資料	9.1
6448	ブラザー工業	CG報告書	約7～10
3107	ダイワボウHD	説明会資料	8.6
6471	日本精工	CG報告書	8～9
6724	セイコーエプソン	説明会資料	8～9
8601	大和証券グループ本社	CG報告書	8～9
8098	稲畑産業	説明会資料	8.45
2780	コメ兵HD	CG報告書	8.3
8252	丸井グループ	説明会資料	8.1
4523	エーザイ	説明会資料	8
4568	第一三共	中計	8
6406	フジテック	CG報告書	8
8628	松井証券	CG報告書	8
1605	INPEX	説明会資料	8%程度
7951	ヤマハ	中計	7.8
6981	村田製作所	CG報告書	
9274	KPPグループHD	説明会資料	7.8
7186	コンコルディアFG	説明会資料	6～9
1898	世紀東急工業	中計	7.2
4114	日本触媒	PBR対策	7
6902	デンソー	統合報告書	7
2503	キリンHD	説明会資料	
7189	西日本FHD	説明会資料	7
8725	MS&ADインシュアランスGHD	説明会資料	7
8242	H2Oリテイリング	説明会資料	6.7
8714	池田泉州HD	中計	6.52
3086	J.フロントリテイリング	中計	6～7
6645	オムロン	説明会資料	
8173	上新電機	中計	6.2
1852	淺沼組	中計	6
5019	出光興産	説明会資料	6
3099	三越伊勢丹HD	説明会	6弱
8130	サンゲツ	説明会資料	5.61
8343	秋田銀行	CG報告書	5～6
9956	バローHD	説明会資料	4.82
8511	日本証券金融	説明会資料	4%台半ば
9782	ディーエムエス	説明会資料	2.62
6305	日立建機	中計	
8174	日本瓦斯	説明会資料	
2531	宝HD	CG報告書	
2613	J-オイルミルズ	CG報告書	
7747	朝日インテック	説明会資料	
8233	高島屋	説明会資料	
5711	三菱マテリアル	中計	
5020	ENEOS HD	中計	
9531	東京ガス	説明会資料	

注：2023年10月31日時点。CG報告書はコーポレートガバナンス報告書。このリストは推奨銘柄ではない
出所：会社資料よりみずほ証券エクイティ調査部作成

の取り組みだ。2022年度の資本コスト（加重平均）を7・5％と推計。投下資本に対する利益率がこの水準を上回っていると分析し、今後も資本コストの低減と、投下資本の効率向上を目指していくとした」と指摘しました。

小さい会社でも、資本コストの開示が優れた会社があります。岐阜県に本社があるスーパーのバローHDは2023年5月16日に発表した決算説明会資料の「資本コストや株価を意識した経営」で、企業価値創造の要であるROICはWACC（2・4〜3・3％とレンジで表示）を継続的に上回っていると示しました。なお、バローHDは業績悪化を背景に、ROEが2020年度9・2％→2022年度5・0％と低下したこともあり、2023年9月15日時点のPBRが約0・7倍にとどまります。

ダイレクトメール首位のディーエムエスも2023年5月12日の決算説明資料で、ROIC8・5％＞WACC2・49％、ROE7・73％＞株主資本コスト2・62％と、資本コストを上回る資本収益性を達成できている一方で、2023年3月末のPBRは0・54倍と、株価は割安に推移していると述べました。しかし、株主資本コストやWACCの前提が低すぎるような気がします。

＞上新電機は資本コストの計算方法の開示が具体的

図表6−4 ＞上新電機の資本コストの計算方法の開示

将来の「株主資本コスト」「加重平均資本コスト」上昇を見据えて、
「ROE」「ROIC」の持続的向上を目指す

株主資本コスト (%)

リスクフリーレート		ベータ（β）感応度		リスクプレミアム		**株主資本コスト CAPM**
0.50%	+	0.95	×	6.00%	=	**6.20%**
安全資産・無リスク金利		当社固有のリスク		株式投資に期待する超過収益率		
※10年国債利回りをベース		※対TOPIX（配当込）算出期間5年、10年、15年の修正βを算出して設定 修正β＝1x1/3+2/3xβ		※過去の株式市場リターンから設定		※CAPM（資本資産価格モデル、Capital Asset Pricing Model）とは株主資本コストを算出するための理論の一つ

加重平均資本コスト (%)

	株主資本コスト CAPM		自己資本比率		負債金利		1-自己資本比率		**加重平均資本コスト WACC**
(	**6.20%**	×	0.45	)+	0.35%	×	0.55%	)=	**2.99%**
			※2022年度 45.1%		※2022年度平均金利をベースに設定				

注：2023年5月9日発表
出所：会社資料よりみずほ証券エクイティ調査部作成

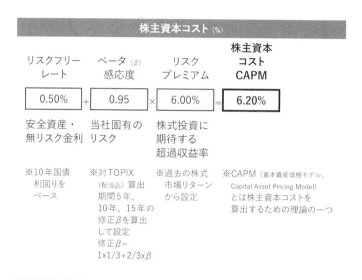

家電量販店でPBRが1倍を超えているのはビックカメラのみです。家電量販店業界は業界再編が進展していますが、市場が成熟しており、インバウンド需要を巧く取り込まないと、成長期待の醸成がむずかしいといえます。

関西が地盤の上新電機はPBRが約0・6倍とヤマダHDに次いで低いのですが、2023年5月9日に発表した決算・中期経営計画説明資料における資本コストの開示やPBR対策の内容が良かったと評価されます。上新電機は、株主資本コストをリスクフリーレート0・5%+ベータ0・95×リスクプレミアム6%=6・2%、WACCを株主資本コスト6・2%×自己資本比率0・45+負債金利0・35%×（1－自己資本比率）＝2・99%と計算しました。

前提として営業利益率を2%→2・6%→4%レベルに引き上げたうえで、ROEを2022年度5%→2025年度8%→2030年度10%以上、同期間にROICを3・7%→5%→7%以上に引き上げることで、企業価値の向上を目指すとしました。

ただ、配当性向は2022年度40%だったのに、2025年度30%以上と低い目標である点は改善の余地があるでしょう。上新電機は阪神タイガースのユニフォームに広告を掲載していますが、ファンベース戦略に基づく「新ロイヤリティプログラム」の導入により、コアファンの新規創造と会員1人当たりの顧客生涯価値拡大を行なうとしています。

＞日本瓦斯は資本コストを明示し、エクイティ・スプレッドの拡大を図る

日本瓦斯は２０２３年４月27日に発表した「３カ年計画（２０２４年３月期～２０２６年３月期）」で、ＲＯＥを２０２３年３月期15％→２０２６年３月期22％に引き上げる一方、自己資本比率を48％→40％と引き下げ、総還元性向は１００％（２０２３年３月期は93％）を目安とするとしました。

　資本コストを明示する企業が極めて少ないなか、日本瓦斯は資本コストを６％と推計し、ＲＯＥの向上を通じて、エクイティ・スプレッド（ＲＯＥ－資本コスト）を９％→16％と引き上げるとしました。高収益資産を積み上げて、ＲＯＩＣを高め、不必要な株主資本は持たないとしました。キャッ

図表６−５ ＞日本瓦斯のＲＯＩＣ、ＲＯＥの３カ年計画

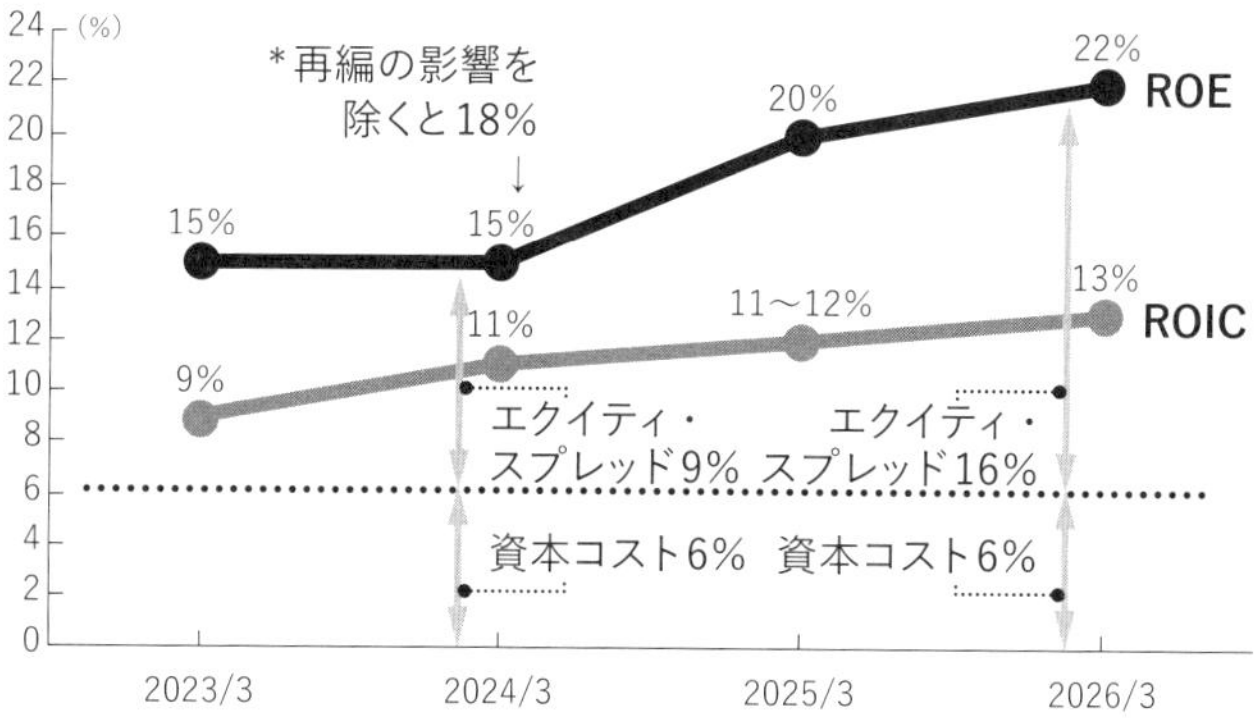

注：2024年３月期以降は会社計画
出所：会社資料よりみずほ証券エクイティ調査部作成

シュフローアロケーションも明確で、3カ年で860億円（営業キャッシュフロー700億円＋借入160億円）のCash-Inを、投資に385億円、配当に300億円、自社株買いに175億円割り当てる計画です。

2023年3月期の営業利益は152億円（前年比＋19％）と計画を下回りましたが、過去最高益を更新し、2024年3月期の営業利益は同＋23％の187億円を計画しています。2024年3月期は昇給率4％の給与増額とIT投資増額（前年比6億円増）などの費用増があっても、営業増益になる点が評価されました。好調な業績と積極的な株主還元が評価されて、発表翌日に株価は＋7％超上昇しました。

＞エクイティ・スプレッドの開示事例

資本コストやエクイティ・スプレッドを開示する企業が少ないなか、丸井グループは2023年5月9日の「決算説明と中期経営計画の進捗」で、EPS、ROE、ROICの主要3KPIはいずれも計画を達成したとして、ROEは株主資本コスト、ROICはWACCとヒストリカルに比較した図を掲載しました。

H2Oリテイリングは決算説明資料で、2022年度のROICは2・1％とWACCの5％を下回るものの、ROEは6・7％と株主資本コストと同等だったと示し、中期経営計画目標達成とPBR1倍以上の実現に向けて、①収益力向上、②資産・資本の効率化、③将来成長に向けた投資推進・人材開発の強化を行なうとしました。

セガサミーHDは2023年4月28日の決算説明資料に2022年度のエクイティ・スプレッドを4・6%（ROE14・7%－株主資本コスト10・1%）と開示して、ヒストリカルチャートも掲載しました。

日本ガイシは2023年4月28日の説明会資料に当社推計として、CAPMを使った株主資本コストが9・1%、税前WACCが10%である一方、2023年度のROEが6%、ROICが8・3%とハードルレートを下回る見通しを掲載しました。

株主資本コストは計算方法によって異なりますが、コンコルディアFGはCAPMで6%程度、株式益利回りに基づく算定値で9%程度と2通りの数値を説明会資料に掲載しました。

2023年4月に第一生命HDの社長に就任した菊田徹也氏はブルームバーグのインタビューで、「現在10%ほどの資本コストと7～8%で推移するROEの数値を逆転させるなどして企業価値を高め、グローバルな保険グループと伍していける時価総額の水準を目指す」と述べて、時価総額（10月末時点で3・1兆円）を2026年度末6兆円➡2030年度10兆円へ増やす目標を掲げました。

▼富士フイルムHDは事業部門ごとのROICを開示

本来、複数の事業セグメントを持つ会社は、資本を事業部門ごとに割り振って、事業部門ごとに資本コストを上回る経営が求められます。そして、長期間資本コストを上回る収益を上げることができない事業は縮小や撤退が必要になります。

富士フイルムHDは事業部門ごとにROICを管理し、事業ポートフォリオ改革を成し遂げて、高収益を達成しました。富士フイルムHDは決算説明資料に、セグメント別のROIC、売上高営業利益率、投下資本回転率を公表している数少ない日本企業です。2022年度の事業別のROICはイメージングが30・3％と高かった一方、ヘルスケアが4・3％、マテリアルズが8・5％と相対的に低めですが、富士フイルムHDは両セグメントともに設備投資を当初計画より拡大していることが主因だと述べました。

PBRが約1・2倍の富士フイルムHDの2022年度のROEは8・3％、ROICは6・1％とともに目標を上回りました。富士フイルムHDは2023年5月10日の決算説明資料で、「当社はROICの向上を重要課題と位置づけ、2023年度は稼げる力の基盤強化、すなわち、成長領域への積極的投資と各事業の収益力の強化に一層取り組み、次期中期経営計画でのさらなる成長加速に繋げていきます」と述べました。

三菱UFJ信託銀行の資本コストのモデル分析

三菱UFJ信託銀行は「スチュワードシップ活動報告書2023」で、企業と対話すると、投資家と企業とのあいだで認識する株主本コストの水準に大きなズレがあり、目標とするROEも投資家と企業のあいだで認識の差が生まれ、PBR1倍割れの状態が恒常化していると指摘しました。

三菱UFJ信託銀行はMTEC（三菱UFJトラスト投資工学研究所）と協働し、資本コストGAPモデルを開発しました。資本コストGAPモデルは、投資家の立場として認識する株主資本コストを推定し、またそのプレミアムまたはディスカウント要因に分解した結果を定量的に提示することで、企業の取り組むべき経営課題を特定し、企業との対話に活かすことを目的としたものです。

インプライド資本コストは、企業がコントロールできない市場から要求される標準的な資本コストとしての①マーケット要因と、②企業固有要因～財務リスクや株主還元の態度を評価、③持続的成長要因～収益性や成長性、研究開発への取り組みを評価、④非財務要因～ESG等の非財務要因を評価、⑤その他要因～ビジネスモデルやブランド、不祥事に対する懸念など企業固有の無形資産価値を評価、の5つに分解されます。

事例として、エネルギー会社A社の場合、標準的な資本コスト8・4％に、企業固有要因（財務リスク等）＋０・２４％、持続的成長要因（収益性の低さ等）＋０・１７％、非財務要因（ＥＳＧ評価の低さ等）＋０・２５％、その他要因（各要因から説明できない要因）＋０・５１％の合計＋１・１６％が加わり、市場が認識するインプライド資本コストは９・５６％に上昇しました。

この資本コストに関する認識ギャップを株式価値に換算すると、標準的な株主価値から35・６％低い価格で、市場で取引されている計算になります。

一方、インプライド資本コストは、株価変動によって変わってくるので、資本コストはＰＥＲの逆数で単純に捉えればよいとの指摘もあります。また、企業はＰＢＲ引き上げのために、市場によって決まる資本コストの低下を目指すより、自社の努力で達成可能なＲＯＥの向上をまず目指すべきとの意見もあります。

＞ＲＯＩＣによる事業ポートフォリオの組み替え

一橋大学大学院経営管理研究科の野間幹晴教授は２０２２年5月24日にみずほ証券で行なった「ＲＯＩＣによる事業ポートフォリオの組み替え」セミナーで、次のように述べました。

・ＲＯＩＣ経営には資本コスト経営とキャッシュフロー経営の２つがある。

・ROEは資本効率性を測定する指標だが、そのままでは経営に落とし込むのがむずかしい。事業部等に落とし込むにはROICが適している。ROEは自己資本を削減すると向上する一方、ROICでは投下資本を圧縮するとキャッシュフローの創出に結びつく。ROE経営はグローバルスタンダードではなく、欧米ではROICをKPIに使う企業が多い。
・ROEは株主資本コストと比較する一方、ROICはWACCと比べる。パーパスに基づいた事業ポートフォリオの組み替えが必要だ。新規投資を行なう場合には、資本コストを上回るリターンをもたらすかどうかを慎重に検討する必要があるが、短期的に資本コストを上回るかどうかではなく、中長期で資本コストを上回るリターンを生むかどうかが重要だ。ROICとWACCを使用して事業ポートフォリオの組み替えを実施する際には、全社WACCではなく、各事業のWACCを使用する。
・事業ごとの資本コストの測定には、①企業の事業を明確に定義、②各事業のアンレバード・ベータを推定、③各事業の目標レバレッジ等からベータを推定、④各事業のWACCを算出という手順を経る。
・富士フイルムHDはキャッシュの創出力を重視し、事業部ごとの管理指標にROICとCCC（現金を獲得するまでに必要とされる日数）を段階的に取り入れてきた。マルチプルの高い事業に経営資源を配分し、マルチプルの低い事業からは撤退する。利益率や成長性、マルチプルが低い事業に経営資源が配分されることがコングロマリット・ディスカウントの要因になる。事業成長によって企業価値を目指す企業には、キャッシュフロー創出と成長投資の継続が重要だ。

CHAPTER 7

PBRを高めるための資本政策の見直し

COUNTERSTRIKE BY
LOW PBR
STOCKS

株主還元を増やす企業が増加

＞欧米よりも低い日本企業の総還元性向

東証企業の総還元性向（配当額に自社株買いを加えた金額と純利益の比率）は長年50％前後なので、100％近く還元する米国主要企業、7割程度の欧州企業に比べて、欧米企業より成長性が低いのに、総還元性向が低いと長年指摘されてきました。

東証のPBR1倍対策を受けて、資本政策の見直しを発表した企業の件数は予想以上に多くなりましたが、大型の自社株買いが少なかったので、2023年4～10月の自社株買い発表金額は約5・9兆円と前年同期を若干下回りました。プライム企業全体の自社株買い金額は2023年度に約10兆円と過去最高を更新するでしょうが、それでもアップルの過去1年の自社株買い額970億ドル（約19兆円）より少ない状況です。

PBRが1倍を下回っていた小松ウオール工業、ステラケミファなどが安定配当方針を変更したのは、会社は明言していませんが、東証のPBR1倍割れ対策と関係しているでしょう。

自己資本比率が77・3％と高い一方、ROEが5・4％と低いステラケミファは、2023～2024年度の期間限定で、総還元性向100％とする理由として、「資本効率の改善が喫緊の課題であるとの認識の下、有利子負債の活用と株主還元強化により、自己資本の増加抑制を図るべく、新たに株主還元方針を定めた」と述べました。

小松ウオール工業は2023年4月7日に発表した「株主還元方針の変更」で、「安定配当の継続の結果、自己資本比率が80％を超える水準を確保するなど、財務体質の健全性を高く保つことができた。今後中長期的な企業価値向上に向けて、資本効率の重要性を認識することと株主還元の充

図表7－1 ＞ 東証企業の配当総額と自社株買い金額の純利益に対する比率

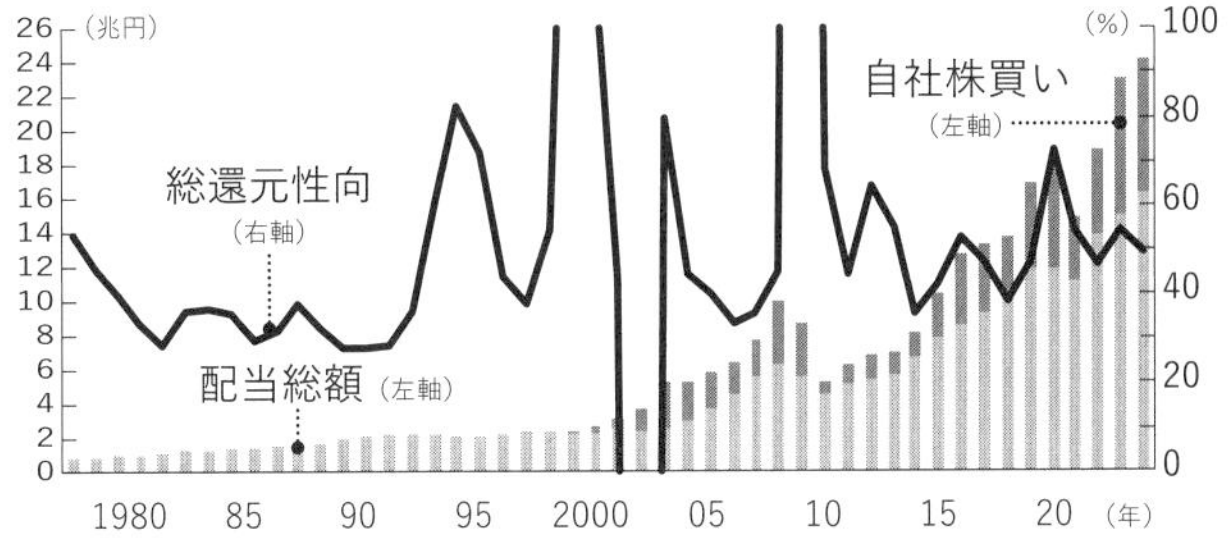

注：各年度末の東証プライム（2022年3月期まで東証1部）上場企業対象（金融機関、日本郵政を除く）、取得から売却処分を引いたネットの買越額（キャッシュフロー計算書）。2023年3月期の自己株式取得予2023年11月1日時点
出所：東証よりみずほ証券エクイティ調査部作成

実が必要と判断し、２０２４年３月期からの中期経営計画期間において、ＤＯＥ３％を下限とする配当を実施することとした」と述べました。

丸井グループはＤＯＥの有用性を強調

丸井グループは２０２３年５月９日の「資本政策の変更」で、配当性向55％程度からＤＯＥ８％への変更を発表し、株価が急騰しましたが、決算説明会では「ＤＯＥ８％を構成するＲＯＥ13％以上と配当性向55％というのは以前からあった目標値であり、いままでと変更がない気もする」との質問がありました。丸井グループは「ＤＯＥというと成熟してあまり成長しない会社というイメージを持つ方がいるかもしれないが、資本効率の継続的な向上と長期安定的な増配という２つを兼ねられる非常に優れた仕組みだ」と答えました。

丸井グループは２０２３年６月９日に開催したIR Dayで、「人的資本投資による社会課題解決企業への進化を通じて、ＲＯＥを２０２４年３月期計画の10％から将来的に25％に向上させ、ＰＥＲを現水準17倍→20倍に引き上げ、ＰＢＲを１・７倍→５倍を目指す。２０２３年３月期のＲＯＥは８・５％でしたが、ＲＯＥ10％目標では９％程度にとどまる可能性があるため、高い目標を掲げました。株価は過去５年間ボックス圏ですが、ＥＰＳを高めることで、ボックス圏を確実に脱する。従来の成長対還元の二項対立を乗り越えて、高成長と高還元を両立する新たな経営へと進化する。その1つの証左がDOE8%目標であり、DOE2~5%の成熟企業と一緒にしてほしくない。時価総額に占める無形資産の割合は当社が44%で、日経平均銘柄が32%だが、2030年に米国企業並みの80%を目指す」と述べました。

＞INPEXが東証からの要請を受けて、企業価値向上策を発表

本決算や中間決算発表時と異なり、1Q決算発表時は株主還元の発表が多くない季節性がありますが、2023年度は例年以上に株主還元の発表が増えました。

INPEXは2023年8月9日に発行済株式（自己株式を除く）の6・1%（上限）の

図表7−2 ＞ 年度別の自社株買い（月次累計額）金額の推移

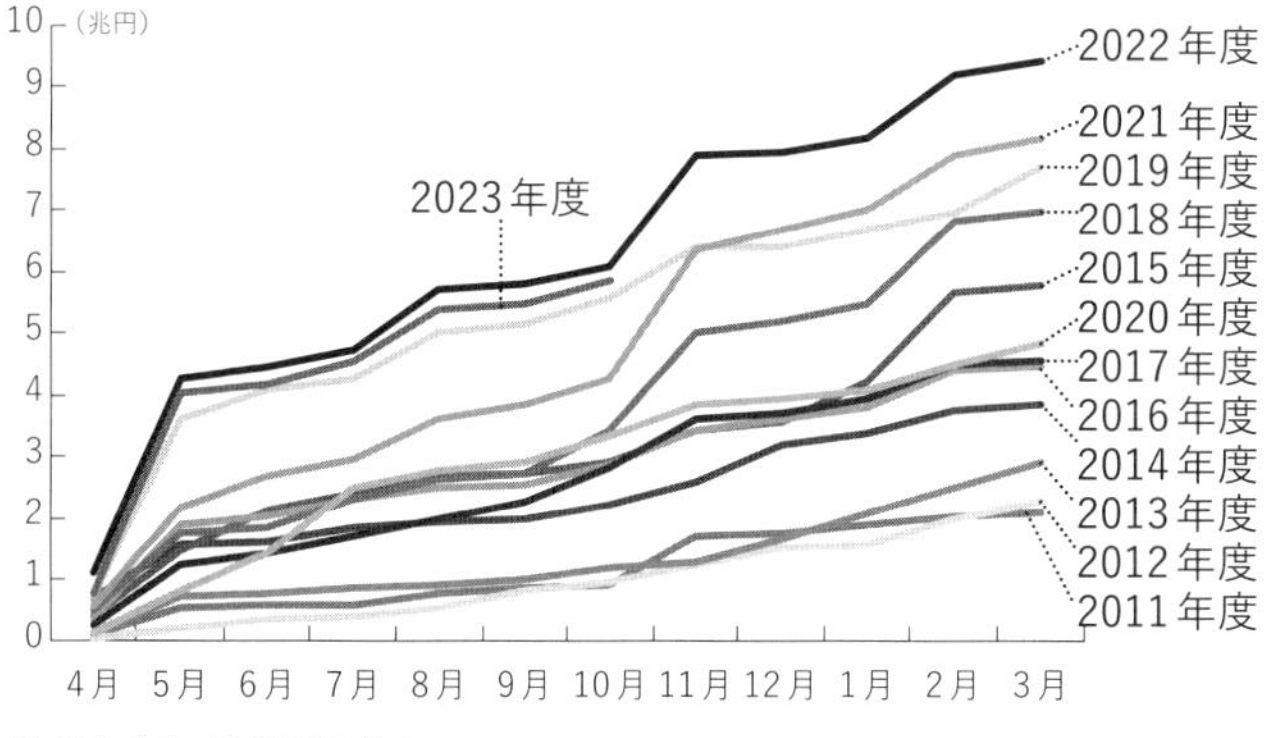

注：2023年度は10月31日時点
出所：日経、東証よりみずほ証券エクイティ調査部作成

自社株買いと増配を発表し、翌日に株価が＋16・6％上昇しました。ＩＮＰＥＸは決算説明資料で、「当社ＰＢＲは上昇傾向にあるものの足元は０・５倍台、株価も割安な水準と認識。資本効率をより的確に管理する観点から、新たな管理指標としてＲＯＩＣを導入。ＲＯＥと株主資本コストを意識しつつ、ＷＡＣＣを上回るＲＯＩＣの安定的確保を実現し、さらなる高みを目指す」と述べました。

ＩＮＰＥＸは株主還元策だけでなく、市場の信認を得るための具体的な成長戦略も同時に打ち出したことが評価されました。上田隆之社長は2023年10月1日の『日経ヴェリタス』のインタビューで、企業価値向上策を発表した狙いを「東証からＰＢＲ1倍未満の企業は対応策を考えるよう要請を受けたことがきっかけだ。今回の発表は3本柱だ。資本効率性を意識した経営、石油・ガス事業の将来性に対する懸念への対応、株主還元を三位一体で進める」と語りました。また、資本効率性を意識した経営をどう進めるかとの質問に対して、「ＲＯＩＣは株主資本だけでなく、借入も考慮してプロジェクトのリターンを示せるので、経営指標としてＲＯＥより適当だ。今後ＲＯＩＣをＷＡＣＣの6％を超える水準に保ちたい」と答えました。ＩＮＰＥＸは２０１８年のオーストラリア沖合のイクシスの稼動で、安定的にキャッシュを稼げる会社となり、２０１８年から段階的に配当を増やしています。

∨2023年度1Q決算で、低PBR企業から株主還元の発表が増加

PBRが約0・7倍の神戸製鋼所も2023年8月8日に発表した配当性向の15～25%程度↓30%程度への見直しが好感されて、翌日に株価が＋12・5%上昇しました。

PBRが約0・9倍の横河ブリッジHDは、安定配当↓累進配当へ配当方針を変更しましたが、増配ではなく、発行済株式総数（自己株式を除く）の1・5%の自社株買いを発表しました。累進配当とは、業績の良し悪しにかかわらずに配当は増加か維持し、減配をしない仕組みです。

横河ブリッジHDは2023年6月に発表した「市場評価の改善に向けた取り組みについて」で、中期経営計画の着実な遂行、株主還元の拡大とROE（2022年度実績は10・1%）の維持向上、役員報酬制度の改定、英文開示の拡充を挙げていたので、その有言実行ぶりが評価されます。

PBRが約0・9倍の陸運のニッコンHDは、配当性向40%に累進配当制度を加えたうえ、発行済株式総数の2・3%（上限）の自社株買いも発表しました。

一方、PBRが約0・9倍の三菱倉庫は、2024年度までの中期経営計画の株主還元方針に則り、発行済株式総数（自己株式を除く）の4・5%（上限）と比較的規模が大きい自社株買いを発表したことが評価されました。

資本政策の見直しの内容
総還元性向29.5%→50%以上
配当性向25%→30%（DPS150円が下限）
配当性向30%→40%以上、総還元性向50%以上
総還元性向40%→50%以上
安定配当→配当性向40%以上またはDOE3%
総還元性向25%→35%
配当性向30%→40%、総還元性向80%
安定配当金12円を維持しつつ、配当性向30%を目安とする
配当性向30%→40%以上
総還元性向30～50%→総還元性向50%以上、配当性向40%以上
総還元性向40～50%→同70%
安定配当＋業績連動配当→配当性向40%程度
安定配当→DOE2.5%を下限に、累進的な株主還元
配当性向20%→30%
DOEを2.4%→4.0%以上を目安に年間配当を実施
低PBR対策として、安定配当→配当性向40～60%
2025年までの中計期間中、総還元性向100%を目途、2023年予想DPSを36→40円と上方修正
安定配当→累進配当、発行済株式総数（自己株式を除く）の1.5%の自社株買い
発行済株式総数（自己株式を除く）の0.96%の自社株買い
発行済株式総数（自己株式を除く）の4.5%の自社株買いと自己株式消却
発行済株式総数（自己株式を除く）の4.7%の自社株買い
発行済株式総数（自己株式を除く）の0.4%の自社株買い
発行済株式総数（自己株式を除く）の16.7%の自社株買い
2023年度予想DPSを140→150円以上と増額
配当性向40%＋累進配当、発行済株式（自己株式を除く）の2.3%の自社株買い
発行済株式総数（自己株式を除く）の0.94%の自社株買い
2024年3月期より配当性向を連結当期純利益の15-25%程度→30%程度
2023年12月期のDPS（普通株）を64→74円と増額。発行済株式総数（自己株式を除く）の6.12%の自社株買い
2023年度~2025年度において、DPS200円を下限→DPS250円を下限とした安定配当
2024年2月期のDOEを2%→3%、DPSを59円→88円と引き上げ

図表7-3 > 2023年度に資本政策の見直しを発表した主な企業

コード	会社名	株価（円）	時価総額（10億円）	発表翌日の株価変化率（%）	実績PBR（倍）	自己資本比率（%）	発表日
8609	岡三証券グループ	677	156.5	20.0	0.80	19.7	2023/3/24
9104	商船三井	3,883	1,406.1	-1.2	0.73	54.0	2023/3/31
8604	野村HD	580	1,834.5	-7.2	0.55	6.6	2023/4/26
7381	北國FHD	4,965	125.2	1.6	0.54	4.1	2023/5/8
7966	リンテック	2,482	190.3	-1.9	0.75	74.2	2023/5/8
5480	日本冶金工業	3,990	61.8	14.0	0.75	35.8	2023/5/9
8282	ケーズHD	1,405	281.0	6.7	0.92	61.7	2023/5/10
7180	九州FG	944	437.5	0.6	0.63	4.9	2023/5/11
1885	東亞建設工業	3,750	84.4	10.8	0.92	39.1	2023/5/12
6332	月島HD	1,272	58.0	3.0	0.67	55.4	2023/5/12
6737	EIZO	4,815	105.8	9.6	0.82	77.3	2023/5/12
7337	ひろぎんHD	954	298.0	6.7	0.60	4.3	2023/5/12
8078	阪和興業	4,510	190.9	2.8	0.60	26.2	2023/5/12
6923	スタンレー電気	2,390	409.1	3.1	0.83	75.6	2023/5/17
9076	セイノーHD	2,190	410.9	24.3	0.89	63.2	2023/6/12
8084	RYODEN	2,336	53.3	3.9	0.64	52.8	2023/7/28
4045	東亞合成	1,376	167.9	1.6	0.81	77.7	2023/7/31
5911	横河ブリッジHD	2,483	107.2	7.1	0.89	58.8	2023/7/31
7943	ニチハ	2,960	110.5	-4.1	0.90	70.7	2023/7/31
9301	三菱倉庫	3,921	321.4	-0.3	0.87	61.1	2023/7/31
9107	川崎汽船	5,143	1,289.4	4.1	0.84	73.8	2023/8/2
9413	テレビ東京HD	2,859	78.8	-11.3	0.84	66.6	2023/8/2
9101	日本郵船	3,677	1,875.9	3.1	0.75	65.6	2023/8/3
5401	日本製鉄	3,232	3,071.4	3.4	0.71	43.7	2023/8/4
9072	ニッコンHD	3,188	209.6	0.6	0.89	63.4	2023/8/4
9303	住友倉庫	2,408	192.6	0.6	0.88	56.3	2023/8/4
5406	神戸製鋼所	1,762	698.4	12.5	0.76	31.8	2023/8/8
1605	INPEX	2,183	3,026.4	16.6	0.75	60.3	2023/8/9
5021	コスモエネルギーHD	5,500	485.9	7.7	0.91	24.9	2023/8/10
8011	三陽商会	2,702	34.1	14.6	0.86	66.9	2023/10/6

注：2023年2023年10月31日時点。発表翌日の株価変化率は発表当日終値から翌営業日終値の変化率。実績PBRと自己資本比率は2022年度。2023年3月以降に資本政策の見直しを発表した企業のうち時価総額500億円以上、実績PBR（10月31日時点）が1倍未満の企業を表示。このリストは推奨銘柄ではない

出所：会社資料、ブルームバーグ、QUICK Astra Managerよりみずほ証券エクイティ調査部作成

ＰＢＲが約０・６倍の半導体商社のＲＹＯＤＥＮは２０２３年7月28日に発表した「資本コストや株価を意識した経営の実現に向けた対応の件」で、配当政策を安定配当→配当性向40～60％に引き上げるとし、10月30日に２０２３年度予想配当を80円→92円へ増額しました。

∨東証は低ＰＢＲ対策として短期的な自社株買いを求めていない

東証は２０２３年3月末に発表した「資本コストや株価を意識した経営の実現に向けた対応について（案）」の1ページ目に、「資本収益性の向上に向けて、バランスシートが効果的に価値創造に寄与する内容となっているかを分析した結果、自社株買いや増配が有効な手段と考えられる場合もありますが、自社株買いや増配のみの対応や一過性の対応を期待するものではありません。継続して資本コストを上回る資本収益性を達成し、持続的な成長を果たすための抜本的な取り組みを期待するものです」と明記しました。

∨評価される自社株買いとは？

成長投資の余地が小さく、キャッシュリッチな成熟企業が自社株買いをするのは合理性がありますが、成長余力が大きいはずのグロース市場の新興企業が短期的な株価対策として、自社株買いを発表するとがっかりします。

また、自社株買いは市場インパクトを考えるうえで、発行済株式数に対する比率や買入の方法も考慮する必要があります。発行済株式数の1％未満の自社株買いでは、市場インパクトが出ません。

自社株買いをしても一時的な株価押し上げ効果しかないことを嘆く企業がありますが、アップルのように市場に予見可能性を持たせながら、継続的な自社株買いを行なえば評価されます。

自社株買いの実証研究

一橋大学大学院経営管理研究科の野間幹晴教授は『企業会計』2023年8月号に寄稿した「企業の自社株買いと戦略変更の必要性」で以下のように述べています。

・2023年4～5月の自社株買いを分析した結果、「2023年3月期決算でROE8％未満の企業では、PBRが1倍を割っている場合に、自社株買いの枠を設定する傾向があった。一方、ROE8％未満でもPBRが1倍を超えている企業では、自社株買いの枠を設定しなかった。

・この結果は、自社株買いによる株主還元強化に取り組もうとしているのは、ROEが低水準にとどまると同時に、投資家の将来に対する期待が小さい企業だといえる。

・これに対して、ROEが8％を下回っていても、PBRが1倍を超えており、投資家の将来期待が高い企業では、自社株買いの枠を設定せずに、持続的成長に向けた投資に経営資源を分配しようとしている。

低PBR対策としての持合解消

緩やかな持合解消が進展

東証の「2022年度株主分布状況調査」で、事業法人の保有比率（金額ベース）は19・6％と、2021年度末の20・0％から低下し、外国人投資家の30・1％に次ぐ保有比率でした。これは直近ピークだった2019年度末の22・3％から3年連続で低下しました。

また、事業法人の保有比率は株数ベースでも2021年度末23・6％→2022年度末23・0％と低下しました。

事業法人は2022年度に自社株買い等で5・8兆円の買い越しと最大の買い手になり

ましたが、持合解消が増えているので、保有比率が低下したと考えられます。

都銀・地銀の保有比率は金額ベースで2021年度末2・5%↓2022年度末2・3%と7年連続で低下し、株数ベースでも2・6%↓2・2%と低下しました。

商事法務の『株主総会白書』は毎年、企業が考える安定株主比率に関するアンケート調査を掲載していますが（2022年は回答社数が1917社）、その結果は、安定株主比率が40〜60%台と考える企業の割合は、アベノミクスが始まった2012年の68・7%から、2022年に57・2%と10ppt以上低下しました。

ただ、過半数以上の企業で安定株主比率が約半分もいるということは、純粋な株主の声が経営に依然として反映しにくい状況といえます。安定株主比率が高いと、大きな不祥事があったり、長年業績が低迷したりしていても、社長交代への圧力が働きにくいことになります。

なぜ株式持合が悪いのか？

過大な政策保有株式を保有すると、資本効率性の悪化を通じて、PBRの低下につながります。また、コーポレートガバナンスが効かない企業と見なされて、機関投資家の離反を招きかねません。

図表7－4 ＞企業が考える安定株主比率の推移（%）

	10%台	20%台	30%台	40%台	50%台	60%台	40%～60%台合計	その他	無回答	回答社数
2007	2.4	6.9	13.5	17.8	24.3	26.4	68.5	6.3	2.8	1,952
2008	2.3	6.6	13.1	16.9	26.1	25.0	68.0	6.6	3.3	1,962
2009	2.8	6.0	12.4	16.5	27.3	26.2	70.0	6.3	2.5	1,897
2010	2.5	5.6	13.1	17.6	25.9	26.4	69.9	5.8	3.1	1,868
2011	2.9	6.2	13.9	18.2	24.2	24.9	67.3	6.6	3.1	1,849
2012	2.5	6.2	13.5	18.3	25.0	25.4	68.7	6.2	2.9	1,845
2013	3.6	6.9	11.9	19.6	23.8	23.9	67.3	7.0	2.8	1,792
2014	4.4	6.8	13.0	18.5	24.0	23.5	66.0	7.1	2.7	1,756
2015	5.0	7.2	14.6	17.5	24.3	21.0	62.8	6.9	3.5	1,704
2016	4.6	7.6	16.0	17.7	22.4	20.9	61.0	7.1	3.9	1,755
2017	5.8	7.5	15.1	17.7	23.0	20.4	61.1	7.2	3.2	1,730
2018	5.8	8.7	15.3	17.8	21.9	20.6	60.3	7.2	2.7	1,727
2019	6.6	9.1	14.9	18.9	22.3	18.7	59.9	6.5	3.0	1,694
2020	6.9	9.8	14.5	19.3	23.1	17.9	60.3	6.0	2.6	1,595
2021	7.3	10.9	14.8	19.2	22.0	16.6	57.8	6.5	2.8	1,749
2022	7.7	10.9	15.3	18.4	21.8	17.0	57.2	7.1	1.8	1,917

出所：商事法務よりみずほ証券エクイティ調査部作成

一方、株式持合を解消すると、相手企業からも自社株を売られるので、株価が下がるとの懸念が出ますが、2022年度の持合解消額が大きかった日立製作所やデンソーなどの株価は2023年に入って、上場来高値を更新しました。需給悪化によって、株価が一時的に下落しても、資本効率性の向上が評価されて、株価は上昇に転じるケースが少なくありません。

多くの企業は政策保有株式を営業上必要だと主張しますが、たとえば上場政策保有株式がゼロのコマツが、同業で10銘柄保有する日立建機、29銘柄保有する神戸製鋼所に対して、建機営業で不利になったという話を聞いたことがありません。同様に、政策保有株式がゼロのSUMCO、荏原製作所、ディスコ、太陽誘電、アドバンテストなどが営業で不利になったということもおそらくないでしょう。

持合解消しない理由は経営者の自己保身のための言い訳との見方があります。元ゴールドマンサックスの清水大吾氏は2023年9月に上梓された『資本主義の中心で、資本主義を変える』で、「政策保有株式を持ったり持たせたり、『モノいう株主』というレッテルを貼ることによって、投資家の声を封印してしまっているのは、いわば『資本市場界の鎖国』ということでもある。株主が経営に対して口を出すことができるというのは当然の権利だ。『モノいう株主』という言葉は、『痛い頭痛』と同じくらいおかしな日本語であることを我々は理解しなければならない」と指摘しました。

∨持合解消を進めるドライバー

①2015年のコーポレートガバナンス・コードの導入、②過去2~3年の運用会社の政策保有株式に関する議決権行使基準の厳格化に加えて、③東証の低PBR対策の要請が持合解消を促進していると考えられますが、③が正式に打ち出されたのは2023年3月末だったため、2023年度以降に効果を上げると考えられます。

現状では、プライム企業の上場政策保有銘柄数の中央値は2021年度末16銘柄↓2022年度末14銘柄と2銘柄の減少にとどまり、全体としてみれば持合解消のペースは依然緩やかといえます。

業種、企業グループ、個別企業によって持合解消の姿勢は異なります。

経産省が管轄する電機や鉄鋼などの業種で持合解消に前向きである一方、総務省が管轄する放送や通信、国交省が管轄する運輸や輸送機などの業種で持合解消に消極的姿勢がみられました。

金融庁の指導や国際的な資本規制を背景に、大手銀行は積極的に持合解消を行なってきたのに対して、地銀は地元企業との関係維持や、政策保有株式を売却しても運用先に乏しいなどの理由から持合解消が遅れていました。しかし、投信の販社になる地銀に対しても、厳しい議決権行使を行なう運用会社が増えてきたことや、東証の低PBR対策要請を受けて、政策保有株式を売却する地銀が増えたことはポジティブな変化といえます。

＞運用会社は政策保有株式に関する議決権行使を厳格化

運用会社として、議決権行使基準に政策保有株式に関する数値基準を最も早く導入したのは、2010年のSOMPOアセットマネジメントでしたが、2022年以降同数値基準を導入する運用会社が相次いだため、政策保有株式が多い事業会社でも決

図表7－5 ＞ 企業が保有する政策保有株式の総数の推移

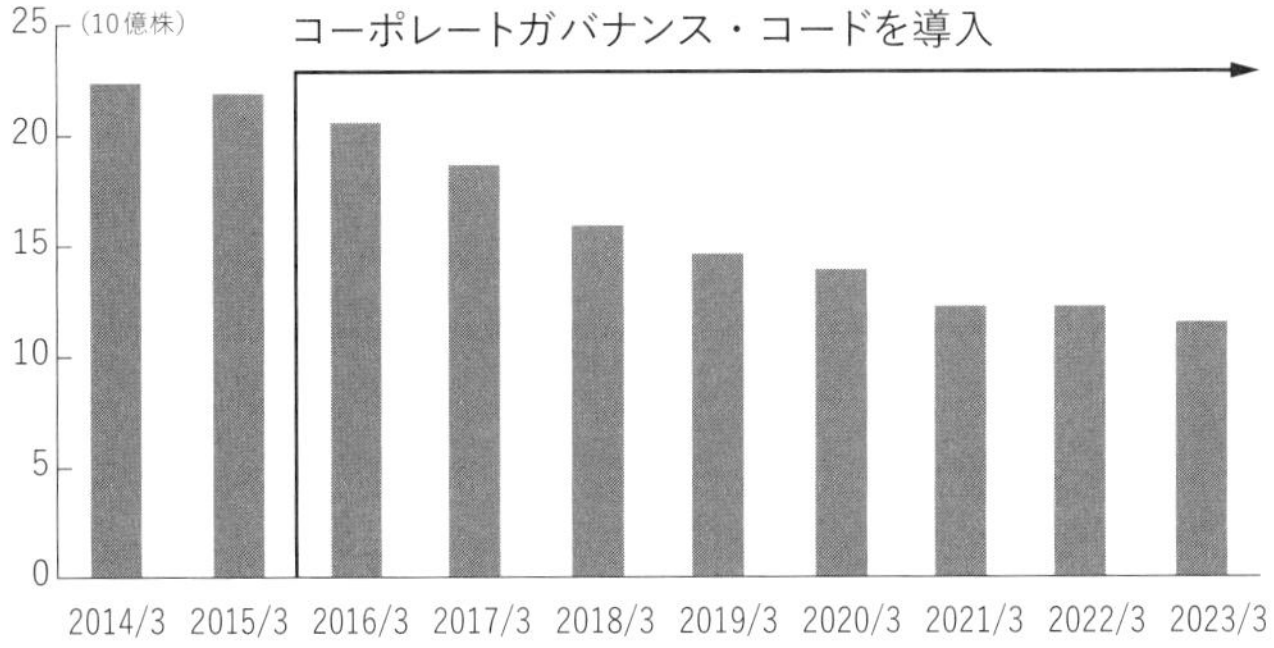

注：全上場銘柄対象、時価が算出可能な特定投資株式数の推移、2014年3月期以降10期連続で取得可能な銘柄2,085社のみ抽出
出所：有報、QUICK Astra Managerよりみずほ証券エクイティ調査部作成

算説明会資料等に、政策保有株式の純資産比に言及しながら、削減方針を示す企業が増えました。

過大な政策保有株式を理由に取締役選任案に反対する数値基準は、政策保有株式の純資産比が20％以上である場合が多いのですが、明治安田アセットマネジメント、米国の大手運用会社のニューバーガーバーマン、議決権行使助言会社のグラスルイスなどは10％を判断基準にしています。大和アセットマネジメントの同基準は現在20％ですが、今後引き下げを検討するとしています。また、政策保有株式を純資産比だけで判断すると、企業の自己資本比率に影響されるため、アセットマネジメントＯｎｅのように、総資産比の基準も入れている運用会社もあります。

数値基準を紋切り型に適用するのではなく、縮減傾向だったり、エンゲージメントの結果、縮減の方針が確認されたりすれば、反対しない運用会社も多いため、同じ数値基準でも判断が異なる場合があります。

ブラックロックやりそなアセットマネジメントのように、ＲＯＥ水準と政策保有株式の判断基準を関連づけている運用会社もあります。野村アセットマネジメントは金融機関と金融機関以外で政策保有株式の判断基準が異なります。ＳＢＩ岡三アセットマネジメントのように、２０２３年４～６月の株主総会で超低金利環境の影響を考慮して、多くの地銀の取締役選任議案に賛成した運用会社もありました。

過大な政策保有株式の所有は低PBRにつながる

過大な政策保有株式の所有は低ROE→低PBRにつながるため、低PBR対策として、持合解消を本格化する企業が増えています。

PBRが約0・8倍の東亞合成は2023年8月4日に発表した「PBR改善に向けた取り組みに関するお知らせ」に、2025年末に政策保有株式を純資産比10％未満に縮減する施策を盛り込みました。

PBRが約0・9倍の大日本印刷は2023年5月12日に発表した新中期経営計画で、ROE10％&PBR1倍超を目指す手段の1つとして、政策保有株式を純資産の10％未満に縮減するとしました。

PBRが1倍弱の稲畑産業は2023年6月5日の決算説明資料で、中期経営計画「NC2023」の2年目までの実績として、政策保有株式を2024年3月末に2021年3月末比で5割削減する計画が順調に進捗している成果を強調しました。

PBRが約0・7倍の中外炉工業は7月28日に、政策保有株式を縮減する方針に基づいて投資有価証券の一部を売却したと発表しました。

内容
政策保有株式を縮減する方針に基づき、投資有価証券の一部売却
4年間に政策保有株式の売却等で85億円のキャッシュイン
政策保有株式の純資産比を2022年度21%→2024年度10%以下に引き下げ
2025年末に政策保有株式を純資産比10%未満に縮減
政策保有株式の純資産比は2022年度末に5.4%まで縮減、今後も適宜売却方針
政策保有株式を2027年度までに約400億円縮減し、ROE8%以上を目指す
2018年3月期から累計28%、時価総額にして約39億円の政策保有株式を売却
2024年3月期～2026年3月期までに政策保有株式時価総額の25%売却
政策保有銘柄数を2015年の36から現在21に縮減し、今後も縮減を検討
2025年3月末に投資簿価を2022年3月比で半減する計画の進捗率は35%
ROE10%&PBR1倍超のために、政策保有株式を純資産の10%未満に縮減
2024年までに政策保有株式の純資産比を10%未満に縮減
政策保有株式を2024年3月末に2021年3月末比で5割削減する計画が順調
2025年3月期までに時価ベースで100億円程度の政策保有株式を縮減
2022～24年度に政策保有株式を400億円以上売却し、2025年度末に純資産比で20%未満に
政策保有株式の縮減を進めており、過去10年間に4割の銘柄を売却

図表7−6 ＞低PBR対策として持合解消を行なっている主な企業

コード	会社名	実績PBR（倍）	上場特定投資株式BS計上額／純資産（%）
1964	中外炉工業	0.68	25.4
2602	日清オイリオグループ	0.84	8.2
3529	アツギ	0.22	21.2
4045	東亞合成	0.81	11.5
4182	三菱瓦斯化学	0.68	3.4
5901	東洋製罐グループHD	0.71	12.4
7226	極東開発工業	0.63	8.9
7240	NOK	0.57	18.4
7294	ヨロズ	0.34	7.2
7381	北國FHD	0.54	22.1
7912	大日本印刷	0.94	22.3
7984	コクヨ	1.13	11.8
8098	稲畑産業	0.97	9.0
8360	山梨中央銀行	0.31	22.4
9301	三菱倉庫	0.87	30.3
9413	テレビ東京HD	0.84	10.8

注：2023年10月31日時点。実績PBRと特定投資株式（上場銘柄のみ。みなし保有を除く。持株会社は子会社の保有分を含む）の純資産比は2022年度末。このリストは推奨銘柄ではない
出所：会社資料、QUICK Astra Managerよりみずほ証券エクイティ調査部作成

コクヨは年初来の株価上昇でPBRが1倍を超えましたが、8月1日の決算説明資料で、2024年までに政策保有株式の純資産比を10％未満に縮減するとしました。

PBRの約0・9倍の三菱倉庫はコーポレートガバナンス報告書に、2022〜2024年度に政策保有株式を400億円以上売却し、2025年度末までに純資産比で20％未満にする計画だと明記しました。

PBRが0・3倍にとどまり、旧村上ファンド系（レノ等）の長年の投資対象になっているヨロズは6月28日に発表した「企業価値向上によるPBR改善に向けた取り組みに関するお知らせ」で、「政策保有銘柄数を2015年の36から現在21に縮減した。今後も縮減について検討を進める」と記載しました。

✓持合株ゼロの方針を打ち出したアイシン

トヨタグループはデンソーを除くと、持合解消に消極的とみられていましたが、トヨタ自動車の持分法適用会社であるアイシンは2023年9月14日の中長期事業説明会で、政策保有株式をゼロにする方針を打ち出して、株価が大きく上昇しました。

アイシンは「2030年を見据えた2025年中期計画」で、政策保有株式を1000億円以上売却し、ゼロ化を目指すとしました。アイシンは2022年度末時点で、トヨタグループの株式を中心に上場政策保有株式を１６３８億円保有していました。なお、アイシンはトヨタ自動車の株式は保有していませんでした。今後トヨタグループの他の企業でも、アイシンに追随する動きが出てくるか注目されます。

アイシンのＰＢＲは約０・８倍でしたが、２０２３年６月20日に発表したコーポレートガバナンス報告書で、資本コストや株価を意識した経営に関する記述がありませんでした。アイシンの過去５年平均ＲＯＥは５・７％でした。今回の中期経営計画にＲＯＥ目標はありませんでしたが、２０２２年度→２０２５年度に売上を４・４兆円→５兆円、営業利益率を１・３％→６％、ＲＯＩＣを１・８％→10％以上に引き上げる目標が掲げられました。①事業ポートフォリオの入れ替え、②ＡＴをはじめとする既存製品の収益性向上、③成長領域に対するヒト・モノ・カネのリソースセレクト、④バランスシート改革による資金創出などの構造改革のやり切りが挙げられました。

企業の低ＰＢＲ対策は自社株買いなど財務戦略に偏る場合が多数見られますが、アイシンの中計は事業ポートフォリオの変革を全面に押し出し、アイシンのフルモデルチェンジを加速すると述べました。

豊田合成も２０２３年10月31日に、１０２億円の投資有価証券売却益の計上を発表し、持合解消の実績を示しました。

アイシンの株式の23％と豊田合成の株式の43％を保有するトヨタ自動車が、11月1日の中間決算発表で、グループ持合の見直しの方針を打ち出したことはポジティブでした。

政策保有株式の縮減に否定的な意見も……

コーポレートガバナンス・コードは原則1－4で、「上場会社が政策保有株式として上場株式を保有する場合には、政策保有株式の縮減に関する方針・考え方など、政策保有に関する方針を開示すべきである。また毎年、取締役会で個別の政策保有株式について、保有目的が適切か、保有に伴う便益やリスクが資本コストに見合っているか等を具体的に精査し、保有の適否を検証するとともに、そうした検証の内容について開示すべきである」と規定しています。

これに対して、関西経済連合会（会長は住友電気工業の松本正義会長）は2023年9月11日に発表した意見書「コーポレートガバナンスに関する提言」で、原則1－4は、「政策保有株式を一律に縮減することが望ましいとの前提に立っているように読み取れる内容となっている。政策保有株式を、銘柄ごとに意義が異なるにも関わらず一律に縮減させる方向性を明記することは、それぞれの企業における事業戦略の幅を狭め、結果として持続的な企業価値向上の妨げになる懸念がある。『縮減ありき』と解釈されるような表現を修正すべきである」として、「上場会社が政策保有株式として上場株式を保有する場合には、政策保有に関する方針・考え方を開示すべきである」と表現を改めるべきだと提言しました。

また、関西経済連合会の提言はコーポレートガバナンス改革全体についても、「株主以外のステークホルダーへの目配りが後退しているのではないか、短視眼的な経営が広がっているのではないかを改めて検証し、マルチステークホルダーをバランスよく重視するためには、どのような手立てを講じるべきか、その際、経営のあり方の見直しに向けて打ち出されるべき大胆かつ明確なメッセージはどのようなものかを考える必要がある」と苦言を呈しました。

なお、住友電気工業のPBRは約0・6倍で、2022年度末時点で上場政策保有株式を76銘柄、648億円保有し、2022年度の削減額は3銘柄で3・6億円にとどまりました。

CHAPTER 8

低PBR対策としてのその他の施策

COUNTERSTRIKE BY
LOW PBR
STOCKS

低ＰＢＲ対策として期待されるＭ＆Ａと業界再編

ニデックのＴＡＫＩＳＡＷＡに対する同意なきＴＯＢ

ニデック（旧日本電産）は２０２３年7月13日に中堅工作機械メーカーのＴＡＫＩＳＡＷＡに対するＴＯＢの開始予定を発表した際の「企業価値の最大化に向けた経営統合に関する意向表明書」にも、ＴＡＫＩＳＡＷＡのＰＢＲが7月12日時点で約０・５倍にとどまる図を同業他社比で掲載しました。

買収では30％程度のプレミアムが付されることが多いですが、ニデックのＴＡＫＩＳＡＷＡのＴＯＢ価格は約１００％のプレミアムが付与されました。ニデックはＴＡＫＩＳＡＷＡの収益性が伸び悩み、中期経営計画も未達で、設備投資や研究開発費が同業他社に比べて絶対額で劣っていると指摘しました。

ＴＡＫＩＳＡＷＡは7月3日に発表したコーポレートガバナンス報告書で全原則をすべて実施しているとしましたが、ＰＢＲ対策の記述はありませんでした。また、２０２１年の株主総会で買収防衛策の継続が70・7%の賛成率で承認されていました。

買収防衛策に原則反対する機関投資家が多いなか、低PBRなのに買収防衛策を採用する企業に対する批判的な見方が多くなっています。

ニデックは「公開買付けの開始予定に関するお知らせ」で、後述する経済産業省の「企業買収における行動指針（案）」を何度も引用しました。その結果、TAKISAWAは当初ニデックによる同意なきTOBに反発していましたが、経済産業省の指針に基づくと断る理由はないとして、9月13日にTOBに同意しました。

日本企業は円安下でも海外企業買収を増やしてきましたが、低PBR企業に対する

図表8－1 > 日本企業が関連したM&A

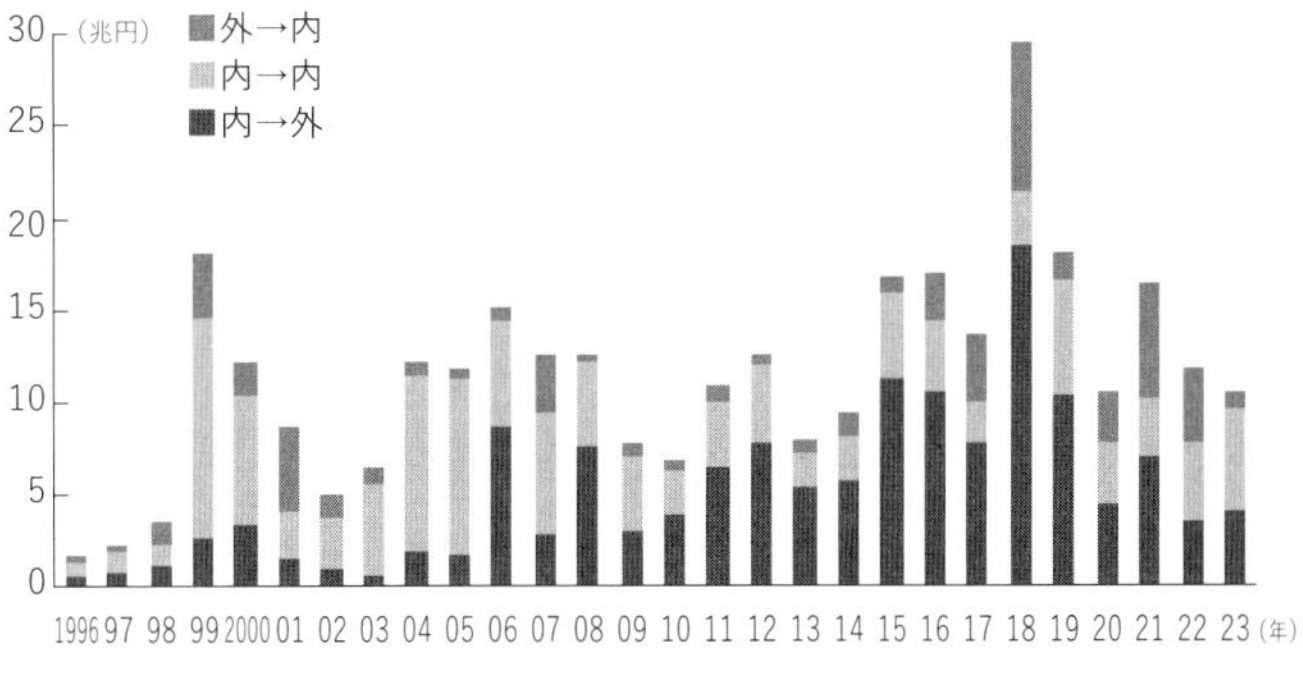

注：2023年は10月31日時点。内→外は日本企業による海外企業M&A、内→内は日本企業同士、外→内は海外企業による日本企業M&A
出所：レコフデータよりみずほ証券エクイティ調査部作成

同意なきTOBをはじめ、国内企業同士のM&Aがもっと増えれば、低PBRの改善に貢献するでしょう。

∨経済産業省の「企業買収における行動指針」がM&Aを促進すると期待

経済産業省は2022年11月に「公正な買収の在り方に関する研究会」を設立し、M&Aの慣行や買収防衛策等の指針を検討してきました。2回にわたるパブコメを受け付け、2023年8月31日に最終指針を決定、「本指針の目的は、上場会社の経営支配権を取得する買収を巡る当事者の行動の在り方を中心に、M&Aに関する公正なルール形成に向けて、経済社会において共有されるべき原則論及びベストプラクティスを提示することである」と述べました。買収提案を巡る取締役・取締役会の行動規範、買収に関する透明性の向上、買収への対応方針・対抗措置などが具体的な内容です。

法的拘束力はありませんが、ニデックによるTAKISAWAへの買収の際にもみられたように、M&Aの実務に大きな影響力を与えます。

外国人投資家の関心も高いため、指針は日英同時開示となりました。同指針には320もの意見が寄せられ、経済産業省はいずれにも丁寧に回答しました。

「従来のガイドラインから進化し、価値創造的なM&Aの促進、上場会社の経営に対する規律付けとバランスが取れている」と評価する意見や、「日本企業の問題は、現状を守ろうとする経営陣や一部のステークホルダーの既得権への執着が事業の選択と集中を阻害している」と指摘する声がありました。

東証の市場再編や低PBR対策要請に加えて、この指針がM&Aを促進すると期待されますが、「日本企業が海外企業に買収されやすくなることには大反対だ。日本企業を守ってください」との感情的な反対意見もありました。

「企業買収における行動指針」のPBR関連の意見

「企業買収における行動指針」にはPBRに関する記述がありませんが、寄せられた意見には以下のようなPBRへの言及が多数ありました。

・企業価値を高める提案を安易に断ることにならないように、「PBRが長期的に1倍を下回っている企業が買収提案を断る場合は、企業価値向上に向けた具体策を提示することが求められる」といった文言を追加すべき。

・市場での株式評価が低い会社（たとえば、PBR1倍割れの会社）というように、PBR1倍割れは経営の失敗を判定する尺度として有用であることを例示することで、会社は株価についてより具体的に考えられるようになるため、PBR1倍割れの場合を例示していただきたい。

・対象会社については株価、とくにＰＢＲ1倍割れであるか否かも現経営陣の評価材料になることを追記していただきたい。

これらの意見に対して、経済産業省は「特定の指標のみを取り上げた記載はしなかった」と回答しました。また、「買収企業と被買収企業の双方がＰＢＲやＲＯＥ等の各種指標の改善について説明することを要望する。とくにＰＢＲ1倍割れの企業からの説明は必須と考える」との意見に対して、経済産業省は「説明や開示の中で、ＰＢＲやＲＯＥ等の各種指標の改善についても言及されることが想定される」と答えました。

一方、「ＰＢＲが1倍を下回る上場企業における経営戦略として、Ｍ＆Ａを活用することが有益な場合があることは否定しないが、Ｍ＆Ａを活用することが必須ということはないものと考えられる」、「ＰＢＲやＲＯＥ等のＫＰＩが良くないことを根拠とした買収提案においても、主たる業域がボラティリティの高いマージン製品を取り扱っている場合や、瞬間的な業績の上下等があった場合、業種の特色やその時の状況によっては、当該根拠が一概に妥当性を持つとは言い切れない点に留意する必要がある」との意見もありました。

日本のスピンオフ事例は3件のみ

低PBRを解消するためには、コングロマリット・ディスカウントの抜本解決策としてスピンオフも検討すべきでしょう。

上場会社によるスピンオフの使用は、カラオケのコシダカHDが、フィットネスのカーブスHDを2020年3月に分離した事例しかありませんでしたが、2023年1月にPC周辺機器のメルコHDが連結子会社の製麺のシマダヤをスピンオフで分離・上場させると発表しました。また、2023年5月にデジタルハーツHDがAGESTを中心とするエンタープライズ事業を独立した上場企業グループとすることを目的に、AGESTのスピンオフの準備を開始すると発表しました。

米国では大企業によってスピンオフが実施されていますが、日本における両事例は、中小型のオーナー系企業が本業とシナジーが乏しい事業を分離するスピンオフでした。

スピンオフの主なメリットは分離した企業が、それぞれ専門性を持った経営者によって本業に集中しながら経営されるので、合算した企業価値が分離前より増えるというものです。

しかし、コシダカHDとカーブスHDのケースはコロナで大きな悪影響を受けたので、業績面ではそうなっていません。カーブスHDの株価はIPO時とほぼ同水準ですが、コシダカHDの株価はカーブスHDの上場時に比べると約2倍に上昇しました。ただ、20

図表8－2 ＞経済産業省が掲げるスピンオフの効果

一般的に、スピンオフの効果として、経営の独立、資本の独立、上場の独立による事業価値の向上が期待される

経営の独立による効果	・両社とも、経営者は各々の中核事業に専念することが可能に（フォーカス強化） ・これにより、投資戦略や資金調達等について迅速、柔軟な意思決定が可能に。経営者や従業員のモチベーションも向上
資本の独立による効果	・スピンオフされた会社は、独自の資金調達の途が拓かれ、大規模M&A等の成長投資が実施可能に ・スピンオフされた会社は、独禁法や系列等の制約から解放され、元の会社の競合相手との取引も可能に。他社とのアライアンスや経営統合の自由度も高まる
上場の独立による効果	・両社とも事業構成がシンプルになることで、コングロマリット・ディスカウントを克服 ・各事業のみに関心のある投資家を引きつけ、各々の事業特性に応じた最適資本構成が可能に ・株式報酬のインセンティブ効果も高まる

注：コングロマリット・ディスカウントとは、複数の事業を営んでいる場合に、それらを個別に営む場合よりも、事業価値の総和が市場で低く評価されること
出所：経済産業省よりみずほ証券エクイティ調査部作成

20年3月はコロナ禍のピークだったので、株価回復の評価がむずかしいといえます。

スピンオフ候補として、2023年8月末時点データに基づいて、セグメント数が多い低PBR株をスクリーニングすると、神戸製鋼所、大林組、東レ、住友化学、エア・ウォーターなどが入りました。

経済産業省のスピンオフ推奨は奏功せず

日本企業にスピンオフの使用を勧めてきたのは経済産業省であり、経済産業省は2020年7月の「事業再編実務指針」にも、「企業価値向上のためのスピンオフを含めた事業再編を促進する」と記載しました。また、2022年9月の「『スピンオフ』の活用に関する手引」では、スピンオフの効果を強調したうえで、コシダカHDに加えて、米国のデュポンやイーベイのスピンオフの事例を示しました。

経済産業省の推奨にもかかわらず、日本の主要企業がスピンオフを使わないのは、コーポレートガバナンスの問題が大きいと考えます。①日本の社長はスピンオフで収益性が高まっても小さな企業になるより、大企業のままでいたいと思うこと、②終身雇用制で入社する従業員も「同期の桜」の意識があるため、分離される別会社に行きたがらないこと、③米国のスピンオフの約半分はアクティビストが関与しているといわれますが、日本ではアクティビスト活動が少ないことなどが、日本でのスピンオフが少ない理由として挙げられます。

＞米国ＫＫＲも日本企業の再編に期待

米国大手投資ファンドＫＫＲのＰＥ（プライベートエクイティ）投資部門の共同責任者のネイト・テイラー氏は、「現在の日本は１９７０〜１９８０年代の米国市場との類似点がある。当時米国には多くのコングロマリットが存在した。株式市場がガバナンスを重視するにつれて、経営者がノンコア事業を切り離す利点を認識するようになり、ＰＥファンドの投資機会が増えた」、「２００６年に東京事務所を開設して以来、約２・７兆円投資した。今後日本でノンコア事業の切り離しなどが活発化すれば、投資機会には事欠かない」と語りました（２０２３年10月17日の日経新聞）。

１９７０年代後半に米国企業の平均ＰＥＲは一桁台で、１９８２年には約６割の企業がＰＢＲ１倍割れでした。１９７９年８月にビジネス・ウィーク誌は、「株式の死」との記事を掲載しました。しかし、１９８０年代に米国企業はコーポレートガバナンス改革、業界再編、成長戦略などを通じて復活しました。

２０２３年11月には、大正製薬ＨＤや不二硝子などＰＢＲが１倍割れ企業のＭＢＯ（経営陣や創業家等による会社買収）の発表が相次ぎ、PEファンドも資金調達に貢献しました。

社長交代は経営改革のきっかけになるか？

過去のしがらみに囚われる日本企業の経営

世界でAI化・DX化・GX化などのメガトレンドが起こる一方、マクロ経済的な不透明要因も多いなか、企業パフォーマンスにおいて社長の意思決定が果たす役目が一層重要になってきています。

株式持合についても、昔の経営者が相手企業と合意して持ち合ったため、現経営陣はなぜ持ち合ったのか理由を説明できない企業もあります。社長と会長でどちらが実力者かわからない企業も多いため、法定用語ではありませんが、CEOと付けて最高意思決定権者を明確にしてほしいという外国人投資家の声もあります。

自分を指名してくれた前社長（現会長）に逆らうことはできないという現社長も多くいますが、社長交代は過去のしがらみを打破して、経営改革を進めるチャンスです。

中小型株運用に強みを持ついちよしアセットマネジメントの秋野充成ＣＩＯも、『週刊エコノミスト』２０２３年6月30日号で、「ＰＢＲ1倍割れでも、改革が期待できるトップ交代銘柄は注目だ」と述べました。

✓社長の投資家向けのプレゼン能力が重要

大手運用会社のファンドマネージャーやエンゲージメント担当者でも、時価総額が1兆円を超えるような大企業の社長と1対1でミーティングできることはほとんどありません。大企業は証券会社や運用会社のアナリスト向けに、年に数回、社長のスモールミーティングを開催することが多いようです。

一方、時価総額が１００億円未満の中小型企業のオーナー系社長であれば、運用資産数千億円以上を持つ運用会社のファンドマネージャーやアナリストに対して、自社の強みを積極的にアピールして、時価総額を上げたいと思うでしょう。

社長と個別ミーティングの機会がない機関投資家は、社長のスモールミーティング、決算説明会、マスコミにおける発言などを通じて、社長の統治能力を測ろうとします。米国大企業のＣＥＯは、若いときからプレゼンの修業を行ない、大学時代の様々なディベートをくぐり抜けてきた人が多いので、まさにプレゼンの猛者といえるようなＣＥＯが多数います。日本ではプレゼンの技術を学ぶ機会がないまま、出世する社長が少なくないため、原稿の棒読みなど聞くに堪えない社長プレゼンも時々あります。社長のプレゼン次第で、企業の時価総額は大きく異なってしまうので、社長には話し方や伝え方などを学んでほしいものです。

∨アーレスティやワコールHDの社長交代後の経営改革に期待

日本の主要企業の社長は4～5年で交代することが多いのですが、２０２３年になって在任期間が長い社長の交代発表が相次ぎました。

ＰＢＲが約０・３倍のダイカスト大手のアーレスティは、25年5カ月ぶりの社長交代を発表しました。アーレスティでは創業家出身で、42歳と若い高橋新一社長が就任したので、経営改革を期待したいものです。アーレスティは２０２３年７月６日に発表したコーポレートガバナンス報告書に、「成長投資と株主還元、健全性と財務レバレッジを最適にバランスさせる当該財務運営により、ＲＯＥ９％とＰＢＲ１倍の達成を目指してまいります」と記載しました。

ＰＢＲが約０・９倍の日本板硝子では、８年ぶりの社長交代が行なわれました。日本板硝子が２０２３年８月25日に発表したコーポレートガバナンス報告書は31ページと充実し

新社長の前職	就任予定日	前社長	前社長の新職	CxO	前社長の在任期間
副社長	4月1日	畑佳秀	取締役		4年9カ月
副社長	6月27日	日覺昭廣	会長		13年
常務	6月28日	安原弘展	退任		5年
副社長	6月29日	清水正	会長		6年
常務	4月1日	桐山浩	会長		5年10カ月
常務	3月30日	松本元春	会長		8年2カ月
副社長	1月1日	棚橋章	相談役		6年3カ月
副社長	6月27日	石黒武	会長		7年
常務	4月1日	小林敬一	会長		6年
専務	3月1日	高橋新	会長	CEO	25年5カ月
専務	6月28日	永松治夫	会長		5年2カ月
取締役	2月22日	坂本淳	顧問		4年
専務	6月28日	三井田健	会長		5年
常務	6月23日	栗山年弘	会長		11年
取締役	6月21日	竹内一弘	退任		6年
執行役員	6月29日	吉田茂雄	特別顧問		10年
ゆうちょ銀行副社長	6月19日	千田哲也	日本郵便社長		3年6カ月
日本製鉄顧問	6月23日	高松信彦	会長		6年
専務	6月23日	大野雅生	代表取締役	CEO	4年
専務	6月27日	丸本明	相談役		5年
執行役員	6月15日	小山享	米国現法会長		3年
専務	4月1日	山下良則	会長		6年
専務	6月23日	長谷川吉茂	会長		18年
専務	6月27日	高橋祥二郎	会長		7年2カ月
常務	6月29日	山元文明	会長		7年
副社長	4月1日	柳井隆博	会長		4年10カ月
常務	4月1日	藤倉正夫	会長		5年
副社長	6月28日	渡部肇史	会長		7年
副社長	4月1日	内田高史	会長		5年
専務	3月24日	成田賢	会長		14年

図表8－3 ＞ 2023年に社長交代が発表されたPBR1倍割れ企業

コード	会社名	2022年度実績PBR（倍）	新社長名	年齢	CxO
2282	日本ハム	0.94	井川伸久	61	
3402	東レ	0.76	大矢光雄	66	
3591	ワコールHD	0.95	矢島昌明	62	
4044	セントラル硝子	0.68	前田一彦	63	
5021	コスモHD	0.91	山田茂	57	
5214	日本電気硝子	0.53	岸本暁	60	
5446	北越メタル	0.36	大洞勝義	63	
5471	大同特殊鋼	0.68	清水哲也	60	
5801	古河電気工業	0.52	森平英也	57	
5852	アーレスティ	0.34	高橋新一	42	COO
6330	東洋エンジニアリング	0.67	細井栄治	63	
6474	不二越	0.59	黒澤勉	57	
6508	明電舎	0.99	井上晃夫	58	
6770	アルプスアルパイン	0.63	泉英男	58	
6809	TOA	0.72	谷口方啓	53	
6996	ニチコン	0.86	森克彦	55	
7181	かんぽ生命	0.47	谷垣邦夫	63	
7231	トピー工業	0.46	石井博美	63	
7242	KYB	0.66	川瀬正裕	60	COO
7261	マツダ	0.62	毛籠勝弘	62	CEO
7282	豊田合成	0.86	斉藤克己	57	
7752	リコー	0.79	大山晃	62	CEO
8344	山形銀行	0.28	佐藤英司	58	
8366	滋賀銀行	0.43	久保田真也	60	
8387	四国銀行	0.30	小林達司	62	
8593	三菱HCキャピタル	0.93	久井大樹	60	
9301	三菱倉庫	0.87	斉藤秀親	58	
9513	Jパワー	0.39	菅野等	61	
9531	東京ガス	0.94	笹山晋一	60	
9755	応用地質	0.79	天野洋文	57	

注：2023年6月13日までに社長交代を発表したPBR1倍未満の企業。PBRは10月31日時点の株価に基づく。敬称略。年齢は会社発表時点。在任期間は社長交代までの期間。このリストは推奨銘柄ではない

出所：会社発表、新聞報道よりみずほ証券エクイティ調査部作成

ており、原則5－2で「資本コストや株価を意識した経営の実現に向けた対応については、2024年3月期を最終年度とする中期経営計画RP24の目標達成に向けた取り組みに加えて、次年度から開始される予定の次期中期経営計画の策定においても、十分な現状分析と検討を実施した上で開示する予定としている」と記載しました。

PBRが約0・6倍のマツダでは5年ぶりの社長交代が行なわれました。マツダは2023年8月10日に発表したコーポレートガバナンス報告書で、「資本コストや株価を意識した経営の重要性は認識しており、中期経営計画に指標を掲げている」と述べました。

PBRが約0・9倍のワコールHDは2023年6月に社長に就任した矢島昌明取締役が、決算説明会で「収益性向上と同時に、資産効率、資本効率を改善させることでROEを向上する。成長投資を優先すると同時に、資本効率の改善に向けて積極的に株主還元を実施する」と明言しました。

サステナビリティ経営や人的資本投資の強化はPBR向上につながるか?

サステナビリティ経営や人材投資の強化は投資家の高評価につながらず

人材投資の強化は成長期待の高まりにつながるので、PBR＝ROE×PERの方程式に基づいて、PBRを向上させると期待されますが、4月以降に発表された低PBR対策で、サステナビリティ経営や人材投資の強化は投資家の評価が低かった印象です。

ウクライナ戦争以降の資源高によって、ESGに対する関心が世界的に低下したことや、6月有報から人的資本の開示が始まったものの、投資に直接的に役立つ情報開示ではないことが関係しているでしょう。

ユニバーサルオーナー（巨額の資産を持ち、幅広い資産や証券に分散投資を行なっている長期投資家）であるGPIFは、運用業界におけるESG普及に向けて様々な努力をしていますが、ESGと企業価値の関連性について確立した手法がないことが影響しているでしょう。

投資家は短期的には資本政策の見直し、中期的には事業ポートフォリオの見直しに注目しているといえます。ただ、素材産業でカーボンニュートラルが中長期的に業績にネガティブに働くとみられているなど、業種による違いは多少あります。また、人材投資が長期的に生産性向上や従業員エンゲージメントの強化につながれば企業の競争力が高まるので、長期的にPBRを高めることにつながる可能性はあります。

▼味の素や丸井グループなどの人財戦略が高評価

ＰＢＲが約４倍と高い味の素は、以前から人財マネジメントや人的資本の開示の株式市場における評価が高いのですが、２０２３年5月11日の「２０２４年３月期業績予想及び企業価値向上に向けた取り組み」に、「すべての無形資産の源泉となる人財資産の強化により、イノベーションを創出していくことが、企業価値向上につながる」、「従業員持株会加入者への特別奨励金を支給した」、「中期ＡＳＶ経営２０３０ロードマップについて、従業員と対話を始めている」と記しました。いくら経営者が立派な企業価値向上策を打ち出しても、従業員に浸透し、従業員がやる気を出さなければ絵に描いた餅になるため、味の素の施策は他の企業の参考になるでしょう。

ＰＢＲ約０・８倍の日清オイリオグループは２０２３年5月19日の決算説明資料で、ＲＯＥ目標を２０２４年度８％、２０３０年度10％と引き上げる（２０２２年度実績は７％）と同時に、中期経営計画の進捗状況として、食のバリューチェーンへの貢献や人材マネジメントなどを説明しました。

大和証券グループ本社は以前から女性活躍推進策の評価が高いのですが、２０２３年5月31日の経営戦略説明資料に、「サステナビリティの観点でビジネスに注力した結果、ＭＳＣＩで最上位格付のＡＡＡ、ＣＤＰで最高評価のＡリスト企業に選定された」、「競争力の源泉は人材なので、人材の価値を最大限引き出すために、自己申告制度・公募制度の導入、エンゲージメントサーベイ、健康経営のさらなる進化」などを行なっていると記しました。大和証券グループ本社は、『週刊東洋経済』10月28日号の「大学生が選ぶ就職ブランドランキング」で、伊藤忠商事、日本生命に次いで第3位に選ばれた一方、野村證券は120位にとどまりました。

丸井グループの人的資本経営も有名であり、HPに掲載した人的資本経営に関する資料で、「人の成長=企業の成長」との方程式を根本とし、入社3年以内の離職率が11%と、世の中平均の31%の3分の1水準とのデータ等も開示しました。丸井グループはHPで、「健康経営銘柄」や「なでしこ銘柄」(女性活躍推進)に6年連続選定されたともアピールしています。

∨資源関連企業は脱炭素投資と株主還元のバランスが重要

日本製鉄は2023年5月10日の決算説明資料で、経営戦略の適切な開示・発信により、高水準の利益の安定的確保と利益成長、カーボンニュートラル・ビジョンの実現性・経済性確保への取り組みについての市場の理解の促進・浸透のための努力を継続すると述べました。一方、日本製鉄は内需増加が見込めない日本国内では脱炭素投資がむずかしいことを課題に挙げました。

２０２２年度のＲＯＥが12・７％でＰＢＲが約０・７倍のＩＮＰＥＸは２０２３年８月10日の決算説明資料で、ＰＢＲは上昇傾向にあるものの足元は０・５倍台と割安だとする一方、ネットゼロ５分野において、風力発電、地熱発電等の再エネ事業を推進するとともに、水素事業やメタネーションの具体化を進めることで、エネルギートランスフォーメーションを強力に進めていると述べました。資源関連企業はカーボンニュートラルに向けた投資と株主還元のバランスが必要になります。

東亞合成は２０２３年８月９日の決算説明資料で、２０２７年ＲＯＥ８％&ＰＢＲ１倍以上を目指す施策に、非財務戦略として、持続的な成長を支える人財育成とサステナビリティの実現を盛り込みました。２０２５年のＧＨＧ（温室効果ガス）排出量を２０１３年比で35％削減し、報酬・退職金の向上などインセンティブ付与による成長と分配の好循環を実現するとしました。

日本でもＥＳＧに対する懐疑的な見方が強まる

ウクライナ戦争に伴うエネルギー価格の高騰が世界的にＥＳＧ投資に対する懐疑的な見方を強めました。その傾向は米国でとくに強まった一方、欧州では宗教的にＥＳＧを信じるアセット・オーナーやマネージャーが依然多数存在します。

米国ではESGファンドの残高が、目に見える形で減り始めています。米国大企業の役員報酬は巨額ですが、業績や株価が芳しくないのに、サステナビリティのKPIに結び付けて役員報酬を意図的に上げているとの批判も出ました。

日本は欧米のあいだの立場でしょうが、日本でもESGへの関心の低下を示すアンケート結果が発表されました。国内の市場関係者に対するアンケート調査である「QUICK月次調査2023年9月号」は、ESGに関する質問を行ないました。

ブラックロックのフィンク会長が「ESGという言葉はもう使わない」と発言し、

図表8−4 ＞日本の市場参加者のESGの受け止め方に関するアンケート調査

	証券会社	投資家	全体
E、S、Gを分けて考えるようになる	41%	36%	39%
今の関心状況が継続する	28%	28%	28%
関心は徐々に落ちていく	21%	24%	22%
重要度はさらに増していく	7%	9%	8%
その他	3%	3%	3%
有効回答数	68%	58%	126%

注：2023年9月5日〜7日調査実施
出所：QUICK月次調査<株式>よりみずほ証券エクイティ調査部作成

株主提案への賛成も下がっていることをどうみるかに関する問いに対する市場関係者の回答としては、「ＥＳＧ投資の効果を測ること自体が困難であり、限界が見えてきた」が最も多くなりました。

「日本でのＥＳＧ等について、市場参加者は今後どのように受け止めていくと思うか」という問いに対しては、「Ｅ、Ｓ、Ｇを分けて考えるようになる」が39％と最も多かったのですが、「関心は徐々に落ちていく」との回答が22％と、「重要度はさらに増していく」との回答の８％を大きく上回りました。

CHAPTER 9

世界の株式市場のなかでも際立つ東証の低PBR企業

COUNTERSTRIKE BY
LOW PBR
STOCKS

欧米ではＰＢＲ１倍割れ企業の割合が少ない

日本の低ＰＢＲ企業の割合は欧米の２倍以上

東証は２０２２年7月29日の「市場区分の見直しに関するフォローアップ会議」の第１回事務局説明資料で、同年７月１日時点でＲＯＥ８％未満の企業の割合が米国Ｓ＆Ｐ５００では14％、欧州ＳＴＯＸＸ６００では19％にとどまるのに対して、プライム企業では47％、スタンダード市場では63％に上るとの図を示しました。Ｓ＆Ｐ５００ではＲＯＥ15％以上の企業が61％、ＳＴＯＸＸ６００でも49％と約半数に上るのに対して、ＴＯＰＩＸ５００では19％に過ぎません。

ＰＢＲ１倍割れの企業の割合も、米国Ｓ＆Ｐ５００では5％、欧州ＳＴＯＸＸ６００で24％に過ぎない一方、プライム企業では50％、スタンダード市場では64％に上るとの図も掲載しました。Ｓ＆Ｐ５００ではＰＢＲ２倍以上が67％、ＳＴＯＸＸ６００でも同51％と過半数ですが、ＴＯＰＩＸ５００のＰＢＲ２倍以上は28％にとどまりました。

ちなみに、日本には純資産がマイナスの上場企業はほとんどありませんが、自由な財務戦略が認められている米国では、純資産がマイナスの主要企業が少なくありません。マクドナルド、スターバックス、ボーイングなどがその事例です。

低ＰＢＲを反映して、時価総額の中央値はプライム市場が５７３億円と、ニューヨーク証券取引所の２０７９億円の約４分の１、ロンドン市場の１６６８億円、ナスダック市場の１４３０億円の約３分の１でした。

＞欧米とインドが高ＲＯＥ＆高ＰＢＲ、東アジアが低ＲＯＥ＆低ＰＢＲ

欧米以外の国を含めて、各国のＲＯＥと

図表9－1 ＞日米欧の主要企業のPBRの分布

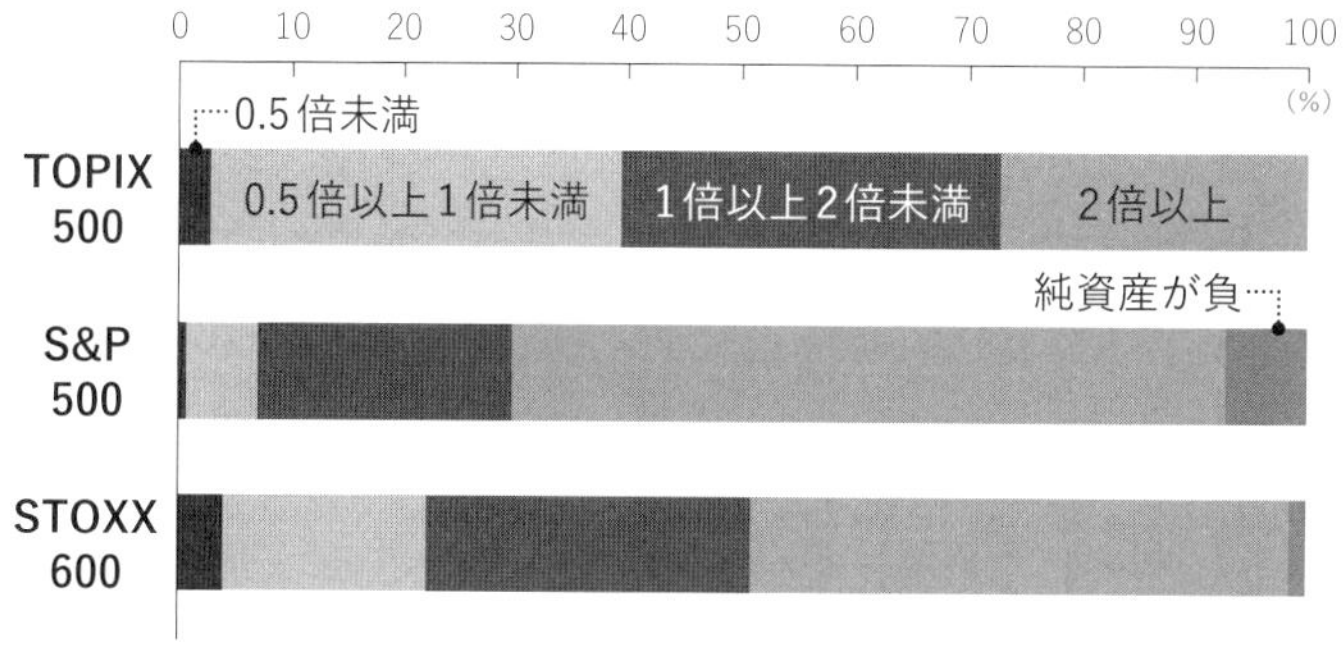

注：2023年10月31日時点。ブルームバーグでデータが得られる企業について集計
出所：ブルームバーグよりみずほ証券エクイティ調査部作成

ＰＢＲをプロットすると、緩やかな比例関係にあります。米国のＰＢＲが最も高い状況に変わりありませんが、スイスやインドも高ＲＯＥ＆高ＰＢＲ国です。

スイスは小国ですが、医薬品・機械・金融などで国際競争力が高い企業が多数あります。スイスの１人当たりＧＤＰは日本の２倍以上なので、スイスに出張に行くと、何でも物価高に感じられます。

インドは２０２３年に中国を抜いて人口が世界最大になり、高経済成長を背景にインド企業も高成長を続けています。インドはＩＴ大国であり、マイクロソフトのサティア・ナデラＣＥＯ、アルファベットのサンダー・ピチャイＣＥＯなど、米国の大手テクノロジー企業のＣＥＯに就任したイン

図表９−２ ＞ 主要国のＰＢＲとＲＯＥの比較

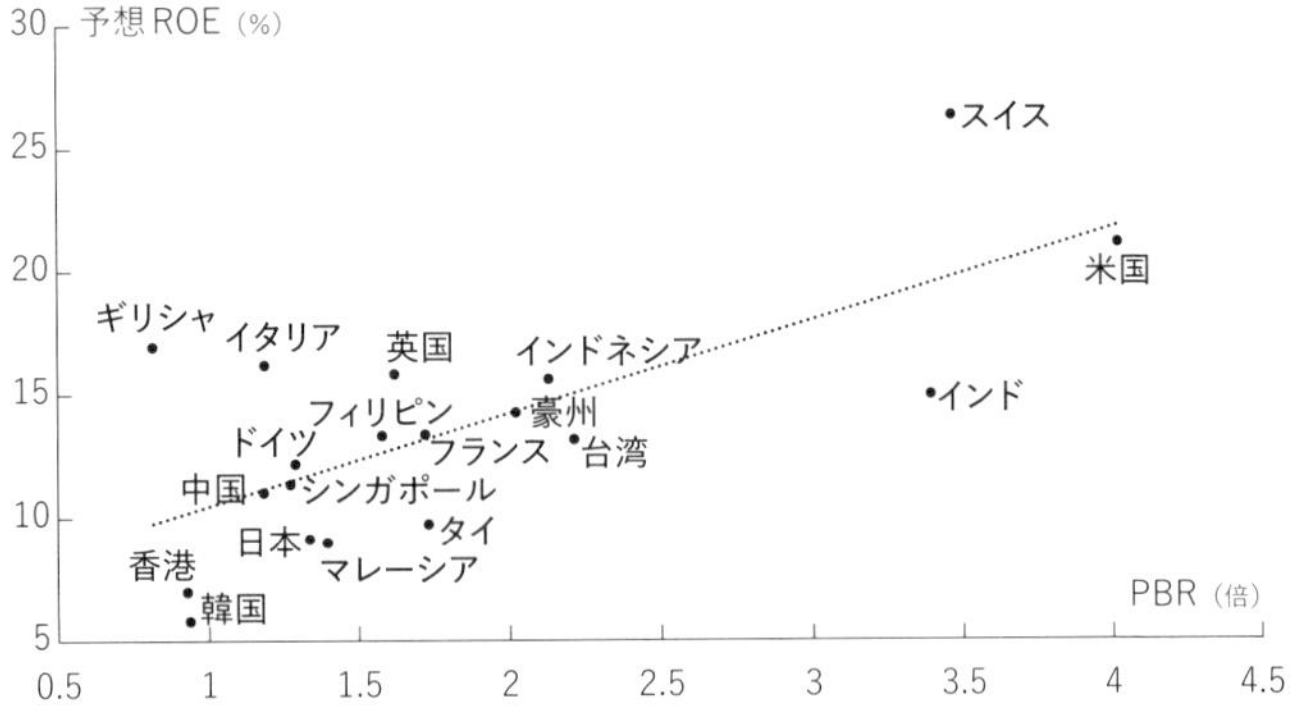

注：2023年10月31日時点。MSCI指数ベース
出所：ブルームバーグよりみずほ証券エクイティ調査部作成

ド人も少なくありません。日本でも米国テクノロジー株ファンドと並んで、インド株投信は根強い人気があります。

一方、国際比較で低ROE&低PBRの国には日本、香港、韓国など東アジアの国が多くなっています。図表9－1で見るように、日本はROEとPBRの回帰線の下にあるので、ROEとの比較でPBRが割高であることを意味します。グローバル投資をする投資家が増えるにつれて、世界の主要企業は業種ごとにPBRとROEの比例関係が生じています。

数少ない米国事業会社のPBR1倍割れ

2023年10月末時点で、TOPIXの時価総額加重平均PBRが1・4倍、中央値は1・0倍であるのに対して、S&P500はそれぞれ4・2倍、2・9倍です。

TOPIXでは44%がPBR1倍割れになっているのに対して、S&P500は36銘柄に過ぎず、うち19銘柄は金融株です。地銀にPBR1倍割れが多いなか、大手銀行ではシティグループのPBRが約0・4倍です。

日本では素材にPBR1倍割れ企業が多いのですが、米国では紙パのインターナショナル・ペーパーのPBRが1・3倍、ニューヨークダウ構成銘柄である化学会社のダウのP

BRは1・7倍もあります。

米国の数少ないPBR1倍割れの主要事業会社にはGMの約0・6倍、ゼロックスHDの約0・6倍、USスティールの約0・7倍などがあります。

米国のEV市場ではテスラがシェア6割を持つ一方、GMのシェアは6%にとどまり、GMはEV事業が2025年まで黒字化しないと予想していることが、GMの低PBRにつながっていると考えられます。

GMのROEは14%と高いのに、PBR0・6倍にとどまるのは、EV時代の敗者とみられているからかもしれません。逆に、テスラはROE33・5%に対して、PBRは13倍に上ります。

コロナ禍の悪影響を受けたゼロックスH

図表9−3 ＞ 鉄鋼・資源の世界主要企業のPBRとROE

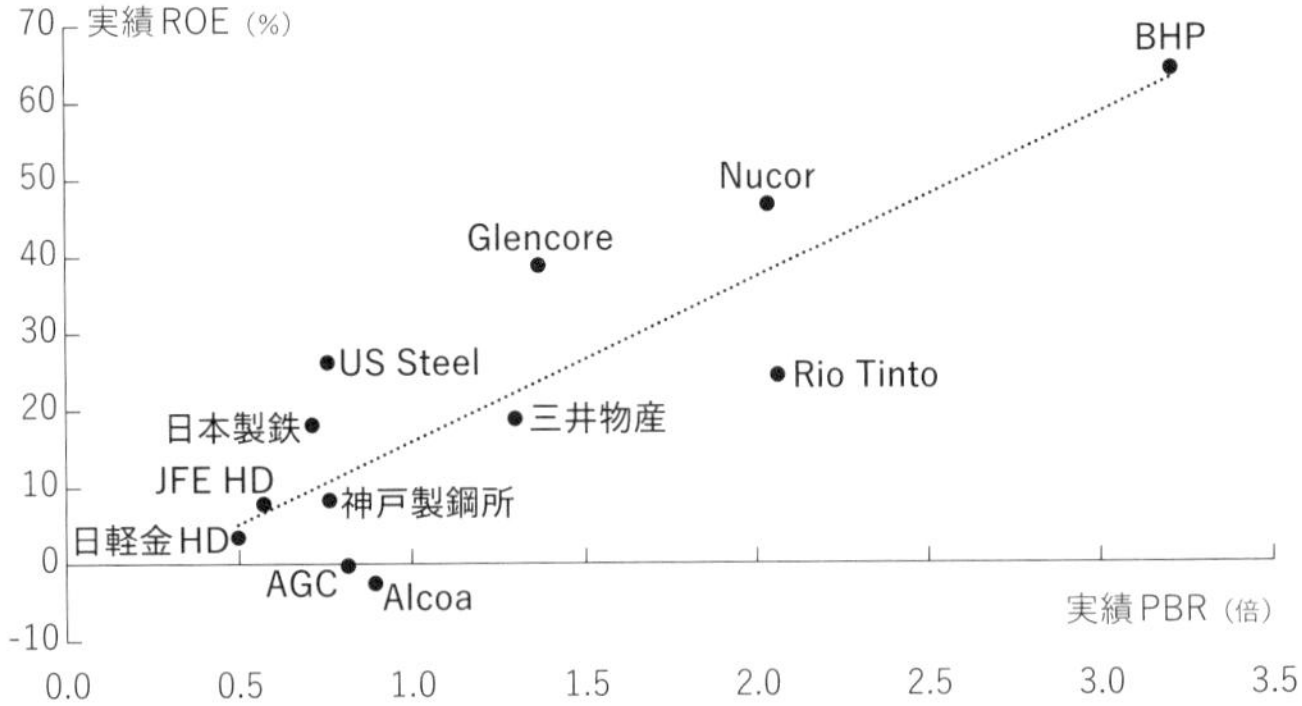

注：2023年10月31日時点の株価ベース。実績は2022年度
出所：QUICK Astra Manager、ブルームバーグよりみずほ証券エクイティ調査部作成

Dは、2021〜2022年度に2年連続で最終赤字に陥りました。ゼロックスHDはオフィス&プロダクション・プリントでの1位のシェアを活かしながら、コスト削減やM&Aによるソフトウェア・ソリューション事業の強化などを通じて、収益改善を図るとしています。

中国との競争に加えて、GHG排出量削減が課題である鉄鋼会社がPBR1倍を達成するのは容易でなさそうですが、USスティールは収益性が高いソリューションを提供して株主に報い、2050年までにネットゼロ排出量を達成するなどとしています。

＞S&P500の予想PERは約20倍、TOPIXの予想PERは約15倍

PBR＝ROE×PERなので、日米のPBRの格差は、ROEのみならず、PERの格差の反映でもあります。

2013年まではTOPIXの予想PERがS&P500の予想PERを恒常的に上回っていましたが、2014年以降日米のPERが逆転するようになりました。1990年代までは日本の高PERを説明する理由として、株式持合の強さ等が挙げられました。みずほ証券エクイティ調査部も昔、持合修正PERなどを試算しました。

2008年以降日本の人口は減少時代に転じたほか、同年のリーマンショックやコロナ

禍等を経て、日本経済は潜在成長率が低下したと考えられます。コロナ禍が始まった２０２０年３月にＴＯＰＩＸの予想ＰＥＲは約14倍、Ｓ＆Ｐ５００の予想ＰＥＲは約16倍で、両国のＰＥＲは利益が出なくなった２０２０年末～２０２１年初めに約30倍まで上昇した後、足元ＴＯＰＩＸの予想ＰＥＲは約15倍に戻ったのに対して、Ｓ＆Ｐ５００の予想ＰＥＲは約20倍と高止まりしています。過去10年にＴＯＰＩＸの予想ＰＥＲは15倍前後に平均回帰している一方、Ｓ＆Ｐ５００の予想ＰＥＲは基調的に上昇してきたといえます。グローバルな勝ち組になっている米国大手テクノロジー企業がコロナ下で恩恵を受けて、さらにＡＩ革命で成長期待が高まりました。

図表９−４ ＞ ＴＯＰＩＸとＳ＆Ｐ５００の予想ＰＥＲの推移

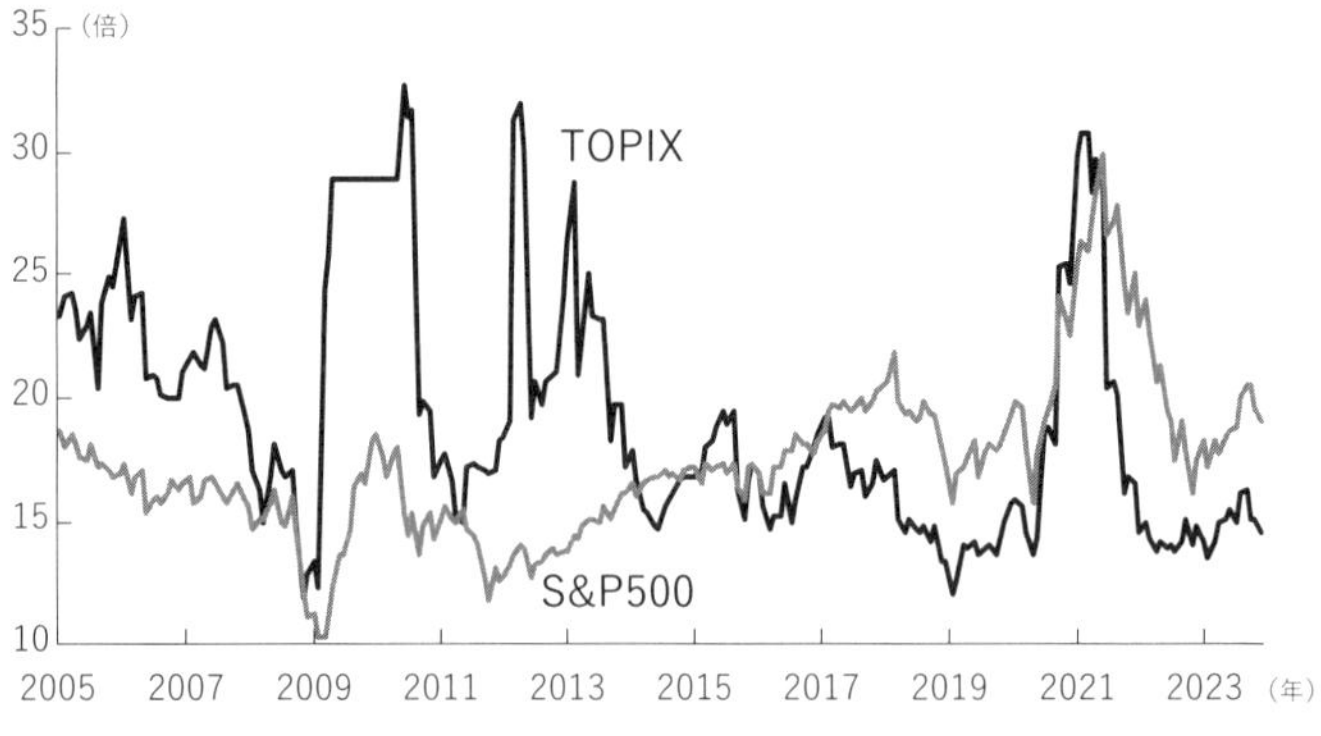

注：2023年10月31日時点
出所：ブルームバーグよりみずほ証券エクイティ調査部作成

PERは将来の成長期待に比例、金利水準に反比例します。

年初来、米国10年国債利回りが3％台前半から、5％近くに上昇するなかで、S&P500の予想PERが約17倍から約20倍に上昇したことは驚きでした。一方、日本は日銀が10年国債利回りの上限を引き上げましたが、世界的に見れば圧倒的な低水準であるにもかかわらず、TOPIXの予想PERは約15倍にとどまりました。

S&P500の時価総額トップ5のアップル、マイクロソフト、アルファベット、アマゾン、NVIDIAの予想PERが20～40倍であることが、S&P500の高PERを支えています。一方、TOPIXの時価総額上位の自動車や大手銀行の予想PERが低位にとどまることが、TOPIXの予想PERを抑制しています。

アクティビストが低PBR企業を活性化させる

✓バリュー株はアクティビストの投資対象になりやすい

いま日本は1980年代、2000年代半ばに続いて、第3次アクティビスト・ブームを迎えているといえます。

　アイ・アールジャパンＨＤによると、２０２３年９月末時点で日本市場に参入している海外アクティビストの数は70社、株主提案数は69件と過去最多になりました。ただ、最近、日本で活躍しているアクティビストは香港のオアシス、英国のＡＶＩなど運用資産が中規模のところが多く、米国大手アクティビストのサードポイントや英国大手アクティビストのＴＣＩなどは日本株投資で音沙汰がありません。

　「物言う株主」といわれるアクティビストは、実態価値に比べて割安に放置されている銘柄に投資するので、基本的にバリュー投資家です。保有する資産価値に比べて割安な銘柄、過大な金融資産や政策保有株

図表9−5 ＞日本に参入しているアクティビスト数と株主提案数

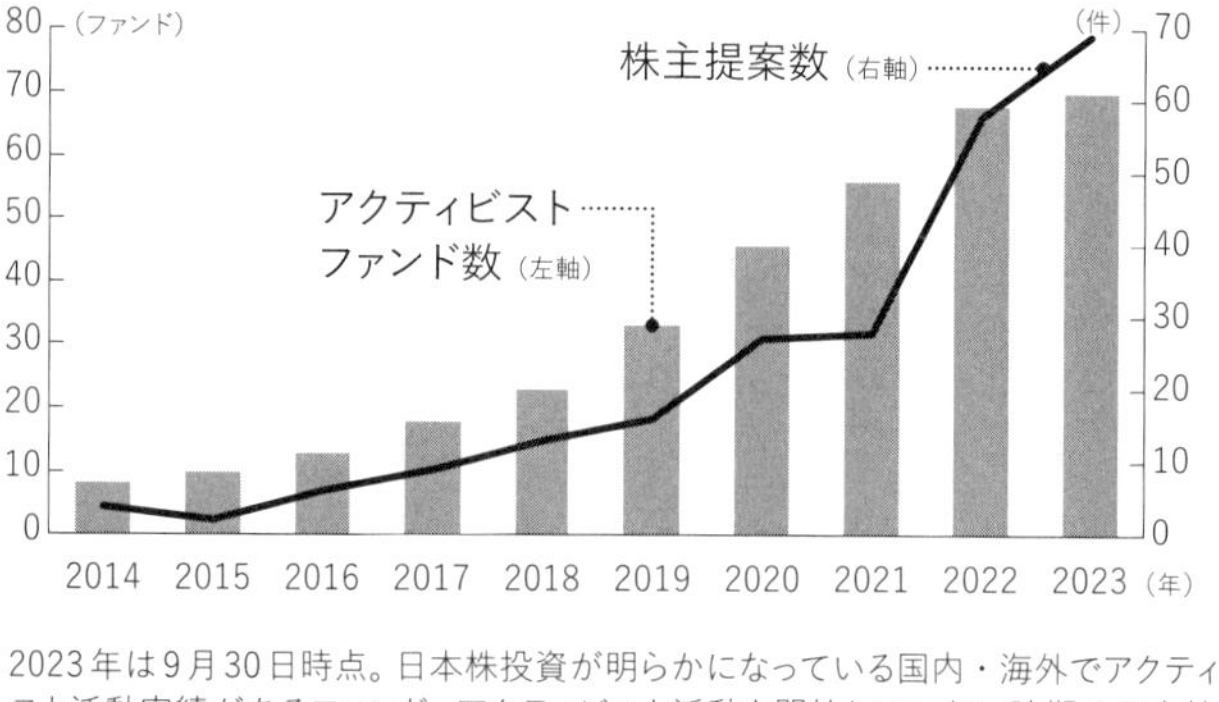

注：2023年は9月30日時点。日本株投資が明らかになっている国内・海外でアクティビスト活動実績があるファンド。アクティビスト活動を開始していない時期の日本株投資はファンド数に含まない
出所：アイ・アールジャパンHD資料より

式を保有してバランスシート管理ができていない企業、配当性向が低く株主還元余地が大きい銘柄、コーポレートガバナンス改善余地が大きい銘柄などに投資します。

東証が求めた資本コストや株価を意識した経営は、アクティビストが長年求めてきたことですので、東証の要請は当然のことながら、アクティビスト活動を活発化しました。

とはいえ、日本の機関投資家の株主提案への賛成率は依然低いため、アクティビストがより活発化するためには、国内機関投資家と海外アクティビストとのさらなる対話促進が必要でしょう。日本コーポレート・ガバナンス・ネットワーク理事長で、牛島総合法律事務所の牛島信代表弁護士は、日本の株式市場が良くなるためには、アクティビストと日本の機関投資家の「同棲」（エンゲージメント）が必要だと考え、アクティビストによる訴訟案件も手がけています。

アクティビストが東証のPBR対策を評価

２０２３年4月23日の『日経ヴェリタス』は「目覚める万年割安株」との記事で、「前門のアクティビスト、後門の東証が対応迫る」と指摘しました。この記事ではあまりマスコミに出ることがない旧村上ファンド系の村上絢氏（村上世彰氏の長女）のインタビューを掲載しました。

村上家では長男の貴輝氏も2023年2月に旭ダイヤモンド工業に初めて個人名で大量保有報告書を提出しており、アクティビストが家業になっていますが、この記事のなかで村上絢氏は「東証によるPBRの改善を上場企業に求めた要請は、グローバルでも過去に例がなく、投資家目線で素晴らしいことだ。企業の価値観は相当変わるはずだ。日本の資本市場改革は5年くらい早まるのではないか。東証の要請は、株価が低いのは経営者のせいと指摘しているのと同じだ。株価をもっと意識して経営するよう経営者に求めている」と語り、東証の施策を評価しました。また、村上絢氏は「低PBRから抜け出すには、株式持合を解消して株主構成を変えることも必要だ」とも語りました。

2023年6月の株主総会で7社に株主提案を行なったダルトン・インベストメンツは、自社HPに掲載した「Price-to-Book is Back」で、「東証の目的をサポートするために、2022年12月に保有する全企業に対して、資本配分、取締役会のダイバーシティ、経営者報酬などの改善を求めるレターを送った」と述べました。

旧村上ファンドの投資対象は？

長年、レノ（旧村上ファンド系）の投資対象になっているヨロズは、2023年6月28日に発表した「企業価値向上によるPBR改善に向けた取り組みに関するお知らせ」で、「P

BR1倍割れ（10月末時点でPBRは約0・3倍）の大きな要因として、低迷するROEを認識しており、2021年5月に発表した中期経営計画で、2023年度営業利益率5％、ROE8％を目標に取り組んでいる。必要と考えられる自己資本比率40〜50％を維持しつつ、財務健全性やレバレッジを考慮した資金調達により、資本コストの抑制を図る。政策保有株式も2015年の保有銘柄数36銘柄から、現在21銘柄と縮減を図った」と述べましたが、東洋経済の2023年度予想は営業利益率2％、ROE2・3％にとどまります。

同じく旧村上ファンド系のシティインデックスイレブンスが大量保有報告書を提出している東亜建設工業のROEは過去5年平均で7・2％と、ヨロズより高いのですが、PBRは約0・9倍です。東亜建設工業は2023年5月12日に発表した「『PBR向上に向けたアクションプラン』の策定について」で、中期経営計画を着実に遂行してROE8％以上、自社株買いを発行済株式総数（自己株式を除く）の5・5％→19・4％（上限）と増額、配当性向を30％以上→40％以上に引き上げなどを掲げて、株価は一時10％上昇しましたが、その後は発表前の水準から4〜5％高のレンジでボックス圏の動きとなっています。

また、シティインデックスイレブンスが約20％を保有するコスモエネルギーHDは、2023年6月の株主総会でMoM（Majority of Minority）決議、すなわち株主総会において利害関係を有する株主を除外した決議方法を使って買収防衛策を可決しました。コスモエネ

図表9－6 ＞コスモエネルギーHDの企業価値とPBRの向上策

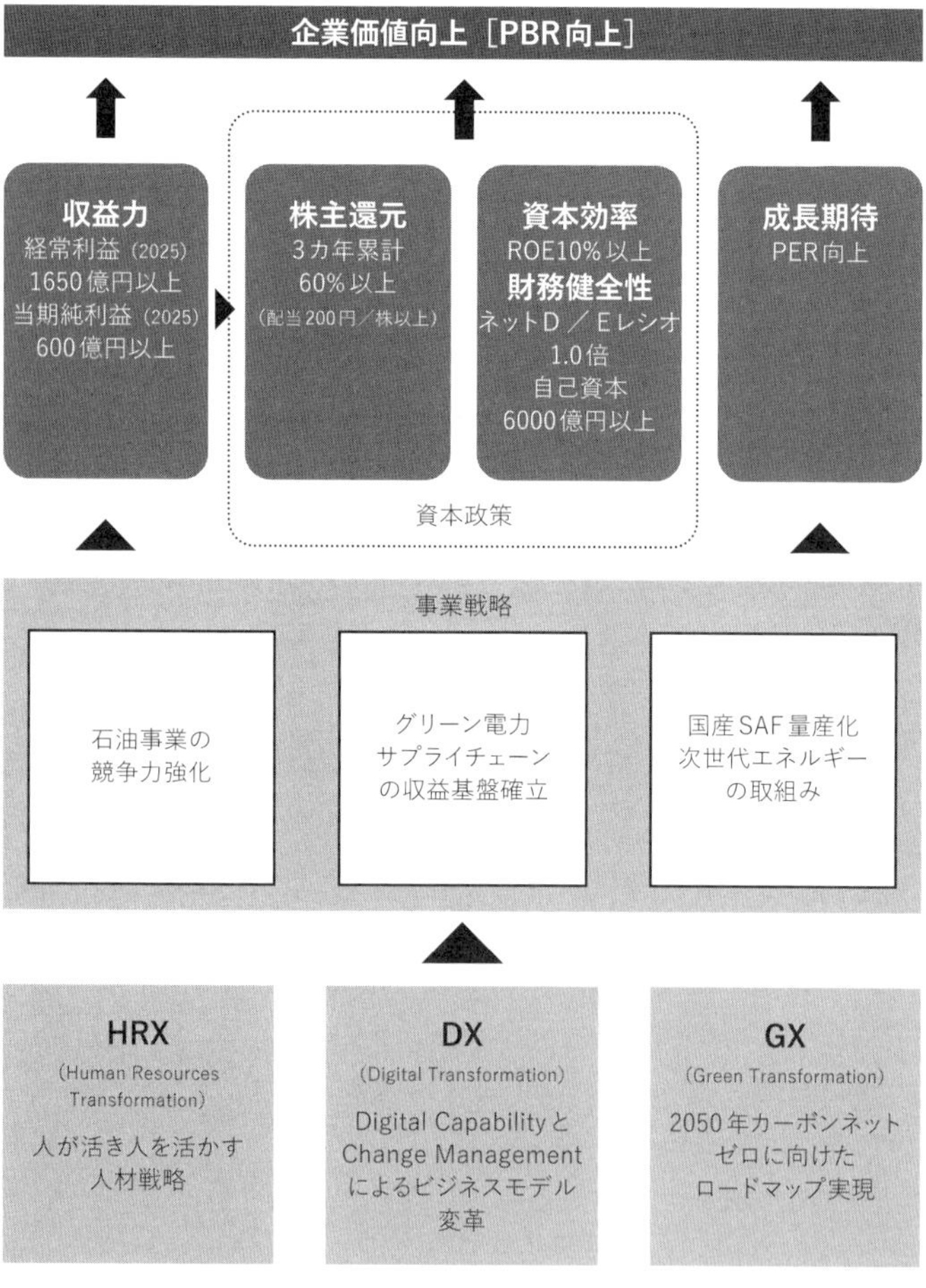

注：2023年3月23日発表
出所：会社資料よりみずほ証券エクイティ調査部作成

ルギーHDは2023年8月10日の決算説明資料で、「2022年5月の株主還元方針発表、2023年3月の資本政策を含む中期経営計画の発表などにより、株価は大きく上昇するも、PBRは0・7倍程度（10月末時点で0・9倍）にとどまる。当社はおおむね株主資本コストを上回るROEを達成しているものの、PBR1倍を達成できていない状況。中長期的施策と短期的施策の双方に取り組み、いち早くPBRの改善を図る」と記しました。

MI2が投資した旭ダイヤモンド工業は資本政策の見直しを発表

旭ダイヤモンド工業は村上世彰氏の長男の村上貴輝氏が運営するMI2が2023年2月22日に、重要提案行為を目的に5・0％で大量保有報告書を提出したことで注目されていました。旭ダイヤモンド工業は現預金の総資産比が約2割、自己資本比率が83％と高いので、村上ファンド系の投資対象になったと推測されます。

旭ダイヤモンド工業は3月27日に①配当性向を40％→50％以上に引き上げ、②中期経営計画期間の2023〜2025年度に平均総還元性向120％以上として、自社株買いを機動的に実施すると発表し、株価が一時＋13％上昇しました。

旭ダイヤモンド工業が5月12日に発表した中期経営計画は2ページで、ROE目標も2022年度4・6％→2025年度6％以上（中長期的に8％）でした。PBRも同期間に

図表9－7 〉日本証券金融の資本コストや株価を意識した経営の実現に向けた取り組み

◉現状分析

・経営目標：中期的な経営方針・第7次中期経営計画において、株主資本コスト（4％台半ば）を上回るROE5％を経営目標に設定
・株主還元：さらなる充実を図り、2021年度以降2025年度（ROE5％目標達成）までのあいだ、配当と機動的な自己株式取得により累計で総還元性向100％を目指す方針
・こうした取り組みにより、当社の株価・PBRも上昇基調で推移

	2018年度	2019年度	2020年度	2021年度	2022年度
ROE（％）	2.65	2.66	3.03	3.79	4.36
総還元性向（％）	87.8	71.0	60.1	97.6	97.6
PBR（倍）*	0.38	0.35	0.54	0.59	0.64

*PBRは各年度末の値

◉資本コストの考え方

・株主資本コストは、客観的なデータ・複数の方法により推計を行ない、4％台半ばと認識
・証券・金融市場のインフラを支える企業として、財務の健全性や業務範囲への制約が法令や証券・資金決済システムの参加基準等により課されていることから事業戦略リスクは低く、財務および収益の安定性が高い
・こうした証券金融会社の特性から、当社の株主資本コストは一般的な水準と比べて相当程度低い

注：2023年5月15日発表
出所：会社資料よりみずほ証券エクイティ調査部作成

０・８倍↓１倍との見通しが掲載されましたが、ＲＯＥ６％でのＰＢＲ１倍の達成には、業績計画（営業利益率：２０２２年度６・４％↓２０２５年度10・０％など）の進捗が注目されます。

ストラテジックキャピタルの株主提案

２０２３年６月の株主総会でストラテジックキャピタルから2年連続で株主提案を受けた日本証券金融は、２０２３年５月15日に発表した「東証からの上場会社に対する要請への日本証券金融の取組み等について」で、「日本証券金融の事業戦略リスクは低く、財務および収益の安定性が高いことから、株主資本コストは４％台半ばと、一般的な水準と比べ相当程度低い。２０２３年２月公表の中期経営計画で株主資本コストを上回る２０２５年度ＲＯＥ５％の目標を設定し、経営努力している。２０２１～２０２５年度までの間、総還元性向１００％を目指す。こうした取り組みにより、株価・ＰＢＲも上昇基調で推移している」と述べました。しかし、日本証券金融の株主資本コストがこれほど低いかは議論の余地があるでしょう。

同じくストラテジックキャピタルから2年連続で株主提案を受けた極東開発工業は２０２３年５月の決算説明資料で、①資本コストを意識し、ＷＡＣＣを約６％（うち株主資本コスト約７％）と開示、②２０２４年度↓２０３０年度に営業利益率７％↓10％以上、ＲＯＥ６

%→10%を目指す、③2018年3月期から累計28%、時価総額にして39億円分の政策保有株式を売却したなどとアピールしました。

∨シルチェスターの投資先で資本コストを意識した経営が広まる

英国アクティビストのシルチェスターが長年エンゲージメントしてきたサンゲツは、2014年に就任した安田正介社長の下、東証の要請以前から資本コストを意識した経営に変わり、2022年度のROEは15・3%、ROICは16・5%と、前中期経営計画の目標値やWACCの5・3%、株主資本コストの5・6%を大きく上回る実績を達成しました。サンゲツのPBRが約1・6倍まで上昇したことで、シルチェスターは2022年11月に保有比率を5%未満に引き下げました。

シルチェスターが12・5%保有する日本触媒はPBRが約0・6倍と低位であり、2023年6月20日に発表した「資本コストや株価を意識した経営の実現に向けて」で、「ROEが株主資本コスト（約7%）を下回っている、PBRが直近数年間1倍を下回っている」との現状認識を示したうえで、「中期経営計画で掲げたROE目標2024年度7・5%、2030年度9%以上を達成し、PBR1倍以上を実現する」と述べました。

シルチェスターが13・5%保有する住友重機械工業も、PBRが約0・7倍にとどまるため、2023年7月3日に発表したコーポレートガバナンス報告書に、「取締役会でROICを意識した報告及び審議が行われているものの、長期的なROIC改善のための方策についてさらに議論を深める必要がある。中期経営計画および長期戦略に対し、セグメント・事業部門ごとの最適なKPIをもとに、目標とするROICを如何にして達成するかの計画と戦略をさらに具体化し、次期中期経営計画策定の中で取締役会での審議を深めていく」と記載しました。

AVIの投資先はPBR1倍超が多い

英国アクティビストのAVIの日本株ファンドの組入1位（2023年9月末時点）のTSIHDはCHAPTER 5で述べたように、株価引き上げのコミットメントが評価されました。同2位の日本光電（PBR1・8倍）は、2023年7月4日に発表したコーポレートガバナンス報告書に、「連結ROEを重要な経営指標としており、中期経営計画で資本コストを上回る10％（2022年度実績は10・6％）を目標にしている。資本コストは毎年見直しており、現在5％強と見ている」と記載しました。組入3位のタクマは2023年6月28日のコーポレートガバナンス報告書に、「2020～2022年度にROEは資本コストを超過し、PBRも1倍を超過している」と記載しました。

組入4位のコニシ（同1・0倍）は2023年6月20日に発表したコーポレートガバナンス報告書に、「ROE8％以上を目標に設定している。資本コスト、資本収益性並びに市場評価に関して、取締役会で現状を分析・評価し、方針や目標等を検討のうえ、速やかに開示する」と記載しました。

組入5位のDTS（同2・2倍）は2022年4月に発表した中期経営計画「Vision2030」でROE16％（同13％）、配当性向50％以上、総還元性向70％以上を掲げましたが、資本コストに関する記述はありませんでした。

2023年6月の株主総会でAVIの株主提案が一部成立したNC HD（同約1・0倍）は、2023年6月30日発表のコーポレートガバナンス報告書に、PBRや想定資本コストの記述がありませんでした。

∨オアシスの提案先のコーポレートガバナンス報告書は記載内容にバラツキ

2023年6月の株主総会で、香港アクティビストのオアシスから株主提案を受けた熊谷組は2023年6月29日のコーポレートガバナンス報告書で、「2023年度を最終年度とする中期経営計画でROE12％以上、配当性向30％目途を財務目標の1つとして、経営基盤の強化と事業収益の拡大に向けた取り組みを実施している。事業投資において資本コストを意識しながら最適な経営判断を行うとともに、自己株式の取得・消却や適正かつ安定的な配当政策などを実施している」と記載しましたが、2022年度実績はROEが4・7％、配当性向が72％でした。

2022年の株主総会でオアシスが社外取締役を送り込み、創業家出身の内山会長を解任したフジテックはPBRが約2倍と高いのですが、2023年6月30日に発表したコーポレートガバナンス報告書に、「株主資本コストは中期経営計画で開示している通り8％と認識している。積極的な成長投資と株主還元の両立に取り組み、2024年度にROE12％（2022年度実績は6・7％）を目指す」としました。

オアシスが2023年8月の株主総会で提案を行なったツルハHDは、2023年9月11日に発表したコーポレートガバナンス報告書の補充原則5-2-1で、事業ポートフォリオの最適化を検討するとしましたが、具体的な施策についての記載はありませんでした。

オアシスはドラッグストアの再編を狙ってか、クスリのアオキHDにも株主提案を行ないましたが、ツルハHD同様に否決されました。

低PBRだった焼津水産化学工業は非上場化のTOBに失敗

スタンダード市場上場の焼津水産化学工業は、2023年6月の株主総会でナナホシマネジメントから6つの株主提案を受けましたが、賛成率21・0〜33・4%で否決されました。ちなみに、運用資産が小さいナナホシマネジメントは大量保有報告を提出していませんでした。

2023年8月に焼津水産化学工業は、投資会社YJ HD（資本金5000万円、国内独立系の投資会社J－STARの関連会社）による1株につき1137円でのTOBに賛同を表明しました。同日に焼津水産化学工業は通期利益予想の大幅下方修正も発表しました。MBO時の業績下方修正は過去に裁判になったこともありますが、焼津水産化学工業はMBOや支配株主との取引等に該当しないとしていることから、ホワイトナイト的な取引と推測されました。

経営に問題がある企業は往々にして、複数のアクティビストから介入を受けることがありますが、南青山不動産（旧村上ファンド系）は9月5・96%で大量保有報告を提出し、保有比率を10・4%に高めていました。シンガポールの3Dインベストメント・パートナーズも9月9・8%で大量保有報告を提出していました。アクティビストはPBR1倍割れでのTOBはありえないと考えたようです。

その結果、焼津水産化学工業はYJ HDによるTOB期限の延期を発表しました。TOB価格は上場コンサルティング会社のフロンティア・マネジメントが焼津水産化学工業のビジネスの将来見通しおよび過去の類似する取引において付与されたプレミアム、買付価格を前提として算出されたPBR等を総合的に勘案して算出したそうですが、焼津水産化学工業の株価はTOB価格を100円以上上回っていたことから、株式市場はアクティビスト・ファンドの介入によるTOB価格の引き上げの可能性を織り込んでいたと推測されました。

10月18日に終わったTOBは、応募が買付予定数の下限に達せず不成立となりました。焼津水産化学工業の株価は5月末の安値から1・6倍以上に上昇しましたが、10月末のPBRは約0・7倍にとどまりました。

アクティビストの投資対象になりやすい中堅ゼネコン

2023年6月の株主総会では、大林組がシルチェスターの株主提案を受けましたが、中堅ゼネコンのほうが多数の株主提案を受けています。

同年の株主総会では戸田建設がダルトン・インベストメンツ、熊谷組がオアシス、東洋建設が任天堂の創業家出身者が運用するYamauchi-No.10 Family Officeから株主提案を受けました。2022年6月の株主総会では世紀東急工業がストラテジックキャピタルから株主提案を受けました。2020年の株主総会では安藤・間がオアシスから株主提案を受

2022年度							
時価総額（10億円）	自己資本比率（%）	上場政策保有株式の純資産比（%）	実績PBR（倍）	実績ROE（%）	DOE（%）	配当性向（%）	配当利回り（%）
33.7	88.0	10.6	0.48	4.0	1.5	37.7	3.1
962.5	41.1	33.7	1.16	5.6	3.0	53.9	2.5
929.3	38.2	26.5	0.93	8.0	2.9	38.8	3.3
796.5	34.8	29.4	0.93	5.9	1.7	31.7	2.0
202.0	29.0	15.5	0.96	6.4	5.6	90.4	6.1
69.5	42.3	6.3	0.94	4.0	5.5	139.0	6.0
269.6	38.9	47.3	0.82	3.5	2.6	75.8	3.2
165.5	45.1	3.9	0.97	4.7	3.3	72.4	3.4
1,113.0	38.2	0.0	2.72	18.2	8.7	50.0	3.2
116.0	46.7	0.7	1.61	8.1	3.2	41.5	2.0
59.8	50.4	0.2	1.47	2.8	2.8	97.6	1.9
57.3	76.2	4.1	0.86	8.2	3.0	38.3	3.5

図表9－8 ＞ アクティビストの投資先になった建設会社

コード	会社名	株主提案者	大量保有報告提出者
1799	第一建設工業	NAVF	
1801	大成建設		シルチェスター
1802	大林組	シルチェスター	
1803	清水建設		シルチェスター
1820	西松建設	旧村上ファンド系*	
1822	大豊建設		旧村上ファンド系
1860	戸田建設	ダルトン	シルチェスター
1861	熊谷組	オアシス	オアシス
1878	大東建託		シルチェスター
1890	東洋建設	YFO	YFO
1898	世紀東急工業	SC*	SC
1976	明星工業	NAVF	

注：2023年10月31日時点。*は2022年以前の株主提案。SC＝ストラテジックキャピタル。YFO＝Yamauchi No.10 Family Office。政策保有株式は上場銘柄のみ。このリストは推奨銘柄ではない
出所：会社資料、ブルームバーグ、QUICK Astra Managerよりみずほ証券エクイティ調査部作成

けました。

シティインデックスイレブンスに投資された西松建設は伊藤忠商事の持分法適用会社となり、同じくシティインデックスイレブンスに投資された大豊建設は、麻生自民党副総裁のファミリー企業である麻生の子会社となりました。建設業界は再編が遅れ、キャッシュリッチ企業やバリュエーションが低い企業が多いので、アクティビストに目を付けられやすいといえます。

戸田建設、大豊建設、東洋建設などはコーポレートガバナンス報告書に、資本コストや株価を意識した経営に関する記述がありませんでした。

一方、安藤・間は2023年6月28日のコーポレートガバナンス報告書で、「当社はリスクフリーレートや市場リスクプレミアム、WACCを定期的に算出し、把握している。資本効率の高い経営に向けてROEを重視し、中期経営計画ではエクイティ・スプレッドを意識したROEをKPIとして設定している。バランスシートマネジメントや株主等との対話の充実を図り、市場評価の改善や資本効率の向上を意識した経営を実践していく」と記載しました。

世紀東急工業もHPで、「当社では従前より資本コストの把握に努めており、これらは中期経営計画の策定、あるいは日頃の業務執行における重要な投資判断等においても活用されています。中期経営計画では継続的に正のエクイティ・スプレッド維持を目指す方向性を明示したうえで、ROE目標を2023年度8・6%、2030年度10%程度と設定しています。株主資本コストは7・2%、WACCは6・5%程度と推計している」と述べました。

CHAPTER 10

「低PBR株の逆襲」が日本を救う

COUNTERSTRIKE BY
LOW PBR
STOCKS

バリュー株投資の考え方と手法

バリュー指数の定義には修正ＰＢＲが用いられている

日本取引所グループが発表しているスタイル・インデックスシリーズは、ＴＯＰＩＸ等の構成銘柄を連結ＰＢＲ等の指標を用いて、バリューまたはグロースといったスタイル別に区分した時価総額加重型の株価指数で、２００８年11月25日を基準日にしています。

ＴＯＰＩＸバリュー、ＴＯＰＩＸグロース、ＴＯＰＩＸ５００バリュー、ＴＯＰＩＸ５００グロース、ＴＯＰＩＸ Smallバリュー、ＴＯＰＩＸ Smallグロースの６指数があります。２０２１年３月末時点の組入銘柄数はＴＯＰＩＸバリューが１５５８、ＴＯＰＩＸグロースが１２１４でした。

一方、日本を代表するスタイル株価指数はラッセル野村日本株インデックスで、バリュー・グロース、ラージ・スモールといったスタイル別のサブインデックスを持っています。そのルールブックによると、バリューとグロースの分類は、修正ＰＢＲに基づきます。

修正PBRとは、（株価×発行済株式数）÷（自己資本＋有価証券の含み損益－未認識退職給付債務）で計算されるもので、日本ではバランスシートに記載されている簿価と市場評価に乖離があるために使われています。

バリュー株のグロース株への相対パフォーマンスが復活

バリュー株価指数のグロース株価指数に対する相対パフォーマンスは、マクロ景気やコーポレートガバナンスの状況などに依存します。

金利低下局面では、将来の収益期待が高いグロース株ほど、将来の収益を現在価値に割り引く割引率が低下するため、グロース株がバリュー株に対してアウトパフォームします。日本では２０２１年まで長年バリュー株がグロース株に対してアンダーパフォームしてきたため、パフォーマンスが悪かったバリュー・ファンドマネージャーの多くが、担当を外されたり、仕事を辞めざるを得ない状況となったりしました。

一方、２０２２年以降は日米の金利とも上昇に転じたため、バリュー株がグロース株にアウトパフォームしています。これが２０２４年以降にどうなるかは、米国ＦＲＢが利下げに転じる一方、日銀の超緩和政策の見直しが起きるかどうかなど、日米の金融政策の兼ね合い次第といえましょう。

　また、コーポレートガバナンスの改革期待も、バリュー株のグロース株への相対パフォーマンスを決める重要な要因です。大型グロース株にはすでにコーポレートガバナンスが良い銘柄が多い一方、バリュー株にはコーポレートガバナンスに課題がある銘柄が少なくありません。したがって、バリューに属する企業でコーポレートガバナンス改革期待が高まるときに、バリュー株がグロース株に対してアウトパフォームする可能性があるわけです。

　ちなみに、２０２０年に始まったコロナ禍期のように、世界経済が悪化する局面では、自力で稼ぐ力が強い大手テクノロジー企業などのグロース株がバリュー株に対し

図表10−1 > TOPIXバリュー・グロース株価指数の推移

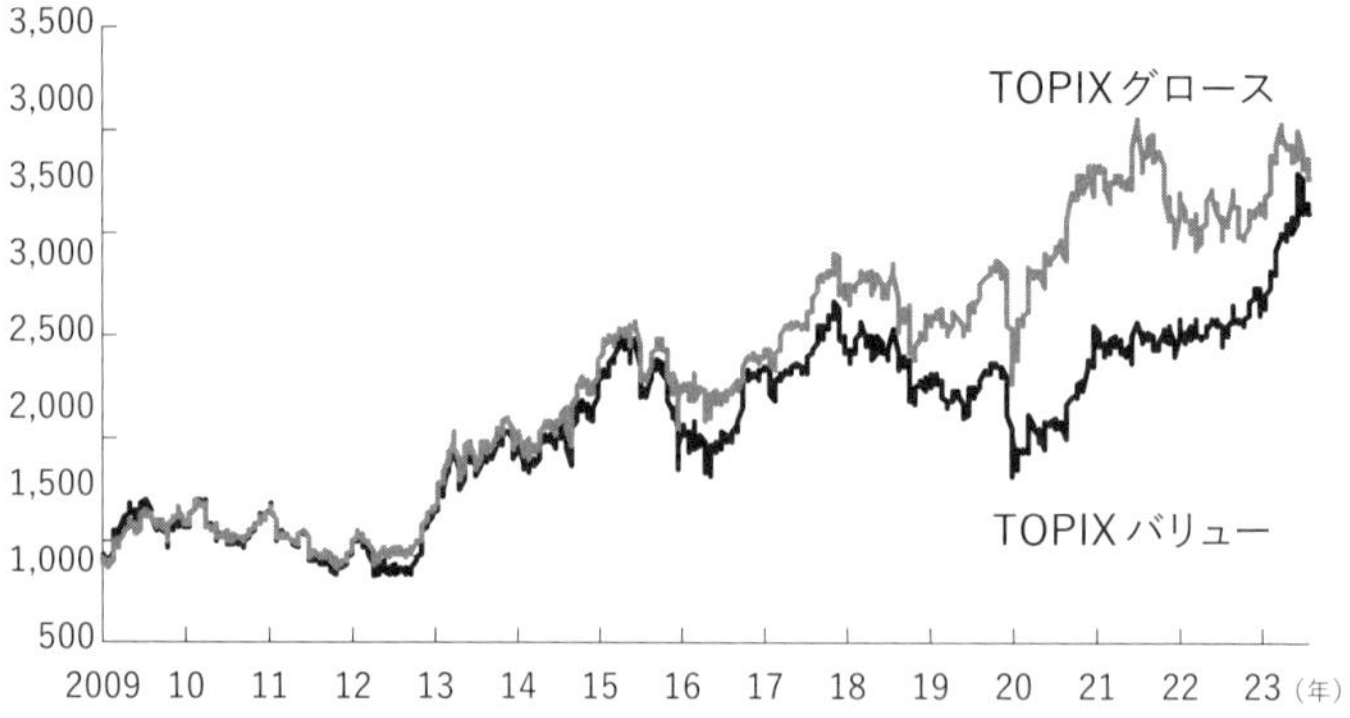

注：2023年10月31日時点
出所：ブルームバーグよりみずほ証券エクイティ調査部作成

て大きくアウトパフォームしました。バリュー株には業績が景気に左右されやすい景気敏感株が多いので、景気悪化局面では業績悪化から売られやすくなることに注意が必要です。

バリュー株投資はサイエンスでなくアート

バリューには利益、資産、キャッシュフローのどれに対して割安なのかの違いがありますが、多くのバリュータイプの株式投信はどの観点からの割安さに注目するかを明示していません。運用はサイエンスではなく、アートであるゆえんでしょう。

また、バリュー投資では、割安だと思って投資しても、他の投資家がそれに気づいて上がるまでに長い期間を要することがあるので、投資家には忍耐力が必要です。さらに、株価が急騰して、バリュエーションが切り上がれば、他の割安株に乗り換える必要があります。

同じ銘柄を見る際にも、他のファンドマネージャーと異なる発想力・切り口が重要です。バリュー投資で長年成功している機関投資家には、他人と異なった言動をする人も少なくありません。腕利きのバリュー・ファンドマネージャーは、表面的なPBRやPERに囚われずに、現在の株価が企業の本源的な価値に比べて割安なのか割高なのかを様々な観点から分析します。

＞PBRファクターの有効性・季節性

銘柄選択におけるPBRファクターの有効性は、景気や金利動向等で変動するとともに、季節性もあります。

過去10年間の季節性は、12月〜2月に効きやすい一方、3月や5月は効かないというアノマリーがあります。こうした月間のPBRファクターの効き方は大きく変動しますが、2023年は3月がマイナスと効かなかった一方、2月、6〜9月に大きなプラスとPBRファクターがよく効きました。

東証の低PBR対策の結果、PBRファクターの有効性がトレンドとして高まったかを判断するにはまだデータが不足していますが、みずほ証券のチーフ・クオンツア

図表10−2 ＞ PBRファクターの過去10年の季節性と過去1年の効き方

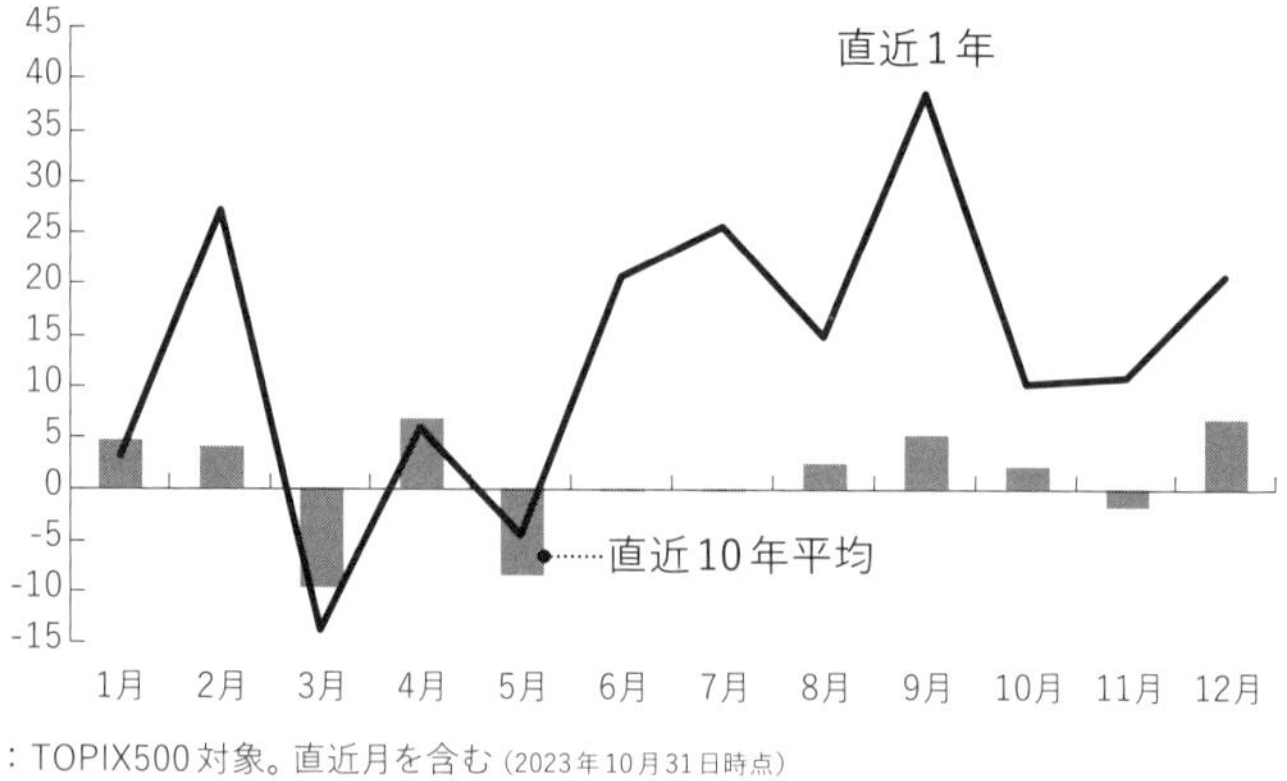

注：TOPIX500対象。直近月を含む（2023年10月31日時点）
出所：東洋経済、日経、IFISよりみずほ証券エクイティ調査部作成

ナリストで、ファクター分析の専門家である永吉勇人は、「投資指標の有効性 2023年10月」で、「バリュー・ラリーが継続」と述べました。

バリュー株がアウトパフォームするとき、日本株は米国株にアウトパフォームする

日本を代表するグロース株といえば、キーエンス、ファーストリテイリング、東京エレクトロン、ソフトバンク・グループなどであり、時価総額は約10兆円を超えています。ソニーグループは相対的にバリュエーションが低いので、グロース株ファンドとバリュー株ファンドの双方から買われる傾向があります。

一方、米国を代表するグロース株はS&P500指数の時価総額の3割弱を占めるMagnificent Seven（アップル、マイクロソフト、アマゾン、NVIDIA、アルファベット、テスラ、メタ）です。Magnificent Sevenの時価総額合計は10兆ドル超（1450兆円超）と、プライム市場の時価総額合計840兆円の1・7倍に達します。グロース株で、日本株が米国株に対抗するのはむずかしいといえます。

一方、TOPIXのS&P500に対する相対パフォーマンスは長期低下してきましたが、2022年以降下げ止まり、反発に転じてきました。

バリュー株がグロース株に対してアウトパフォームするときに、日本株は米国株にアウ

トパフォームする傾向があります。

米国の代表的なバリュー株は、業種的には日本と同じ金融株や製造業株が中心です。一方、日本には米国以上に魅力的なバリュー株が多数あります。世界経済が好調なときに金利は上昇し、世界的にバリュー株がアウトパフォームしますが、その際に日本株はアウトパフォームする傾向があるので、日本株は世界景気に対する敏感株と指摘されてきました。さらに現状は、景気・金利要因以外に、東証の低PBR対策が日本のバリュー株の魅力を高めています。

✓バリュー投資の「神様」ウォーレン・バフェット氏

バークシャー・ハサウェイを率いるウォーレン・バフェット氏（93歳）は、バリュー投資を信条にしています。2023年4月11日にウォーレン・バフェット氏が来日し、大手商社5社の保有比率を引き上げたと語ったことで、大手商社株は揃って上昇し、4〜6月の外国人投資家の日本株投資の急増にも寄与しました。

バークシャー・ハサウェイは6月にも商社の保有比率を引き上げましたが、保有比率はバリュエーションが最も低い丸紅が8・3％だったのに対して、バリュエーションが最も高い伊藤忠商事が7・5％と差が出ました。大手商社のPBRは住友商事を除いて1倍を超えました。

バフェット氏は「日本が米国以外の最大の投資先だ。日本株で現状保有しているのは商社株だけだ。考えている会社は常に数社あるが問題が価格だ。もし商社株の価格が2倍だったら、我々は投資しなかっただろう」、「他の日本企業への投資は10年後、20年後とうまく続いていくようなビジネスや人を求めている。明らかに私の理解を超えるものでない限り、日本のあらゆる大企業に目を向ける」と語りました。

バフェット氏は投資対象企業に①事業のわかりやすさ、②株価の割安さ、③立派な経営者がいること、④継続的なキャッシュフロー創出と株主還元などを求めます。商社は外国人投資家からビジネスモデルがわかりにくいと言われたこともありましたが、バークシャー・ハサウェイと同じコングロマリットなので、似ていると思ったようです。

バークシャー・ハサウェイが２０２０年8月に商社5社に初めて大量保有報告書を出したときには、インフレ期待の高まりがあったように、バフェット氏のマクロ経済感が銘柄選択に影響します。

バークシャー・ハサウェイは米国で時価総額1兆円未満の企業にも投資していますが、外国株に投資するなら、時価総額1兆円以上は必要でしょう。みずほ証券エクイティ調査部は当時、バフェット氏が投資する可能性がある商社以外の株として、大手銀行株、任天堂、日立製作所、東京エレクトロン、NTTなどを挙げましたが、現状はまだ商社株以外には投資していないようです。

✓バリュー株に投資する主な日本株投信

個人投資家は自身で割安な個別銘柄に投資することも可能ですが、銘柄選択に自信や時間がない投資家は公募投信やETFを購入するのが選択肢になるでしょう。

日本のバリュータイプの公募投信は純資産が小さい投信が多いのですが、同じ戦略で年金や海外向けに提供されて、公募投信以上に大きい純資産を運用しているケースが少なくありません。投信の上位組入銘柄を見て、自分の銘柄選択の感覚に合うかをチェックするのも、投信を選ぶひとつの手法かもしれません。

野村アセットマネジメントの「ストラテジック・バリュー・オープン」（愛称：真価論）は、資産・利益等に比較して株価が割安と判断され、今後の株価上昇が期待できる銘柄を厳選します。2023年9月末時点の純資産は38億円で、上位組入銘柄は東京エレクトロン、三菱UFJFG、NTTでした。

同じ野村アセットマネジメントの「野村日本割安低位株オープン」（2023年9月末の運用資産294億円）は209銘柄も保有していますが、月次報告書に2023年9月末時点のフアンドの実績PBRが0・6倍とTOPIXの1・3倍の半分以下で、予想PERも9・1倍とTOPIXの15・0倍の約6割であると記載しています。この投信の上位組入銘柄は日本製鉄、日本郵船、三菱ケミカルグループでした。

大和アセットマネジメントの「ダイワ・バリュー株・オープン（愛称：底力）」は設定が2000年2月という20年以上の歴史がある投信です。公募投信の純資産は140億円ですが、DC（企業型確定拠出年金）用は817億円あります。PER、PBR等の指標または株価水準からみて割安と判断される銘柄のうち、今後株価の上昇が期待される銘柄に投資するとしており、2023年9月末時点の上位組入銘柄はトヨタ自動車、三菱UFJFG、日立製作所でした。

三井住友DSアセットマネジメントの「三井住友DS日本バリュー株ファンド」（2023年9月末の運用資産215億円、組入銘柄数102）の実績PBRは1・2倍、予想PERは12・9倍と市場平均よりは低いのですが、「野村日本割安低位株オープン」よりは高くなっています。上位組入銘柄は三菱UFJFG、トヨタ自動車、豊田自動織機でした。

三井住友DSアセットマネジメントで日本株アクティブ投信の純資産が最も大きいのは、「トヨタ自動車／トヨタグループ株式ファンド」の1587億円です。バリュー株投信とは謳っていませんが、割安な自動車関連株に投資するので、実質的にはバリュー株投信といえます。2023年8月末時点の上位組入銘柄はトヨタ自動車、デンソー、豊田自動織機でしたが、いずれも9月に上場来高値を更新しました。2003年11月の設定以来の騰落率は＋427％と、TOPIXの＋128％の3倍以上のパフォーマンスになっています。

✓外国籍のバリューファンドから考え方を学ぶ

日本の個人投資家は海外籍のバリューファンドに投資するのはむずかしいでしょうが、HPに開示されている投資哲学や組入銘柄を見ることは、外国人投資家の考え方を知るうえで役立つでしょう。英国のMan GLG Japan CoreAlpha Fundは運用資産が約3700億円（2023年9月末時点）と、日本株に投資するバリューファンドにしては大きいにもかかわらず、保有銘柄数が49と少なくなっています。上位組入銘柄は三菱地所、トヨタ自動車、三菱UFJFGでした。日本の投信より英国の日本株バリューファンドのほうが運用資産が大きいのですが、投資銘柄数は集中する傾向があります。

なお、バリュー株は他の投資家が注目しなければ、バリュー・トラップ（割安な銘柄がいつまで経っても割安に放置される状態）に陥ったままであることが多いため、株価上昇に向けたカタリスト（相場を動かす材料やイベント）がある割安株に投資するというバリューファンドが多くなっています。

英国のZennor Japan Fund（運用資産は約700億円）はカタリストとして、親子上場の解消、M&A、市場を上回る増益率などを挙げています。Zennor Japan Fundは、上場ファンドであるPolar Capitalのカリスマ・ファンドマネージャーだったジェームス・サルター氏によって、2021年2月に絶好のタイミングでローンチされました。2023年9月末時点の上位組入銘柄はパナソニックHD、京都銀行、豊田自動織機でした。

一方、バリュー・トラップを打破するために、英国のAVIやシルチェスターなどのように投資対象企業とエンゲージメントするバリューファンドも多くなっていますが、エンゲージメントの度合いが強すぎると、アクティビストと呼ばれます。

米国のサンフランシスコにあるDodge&CoxのInternational Stock Fundは運用資産が447億ドル（約6・5兆円）と米国を代表する海外株に投資するバリューファンドですが、2023年9月末時点の日本株比重は10・4%とベンチマークのMSCI EAFE（北米以外の先進国株式を対象とする指数）の中立比重の22・9%の半分以下しか組み入れていません。日本企業のコーポレートガバナンス改革への懐疑的な見方があるようですが、こうした日本株を大きくアンダーウエイトしている米国大手バリューファンドが、日本株比重を上げ始めたら、バリュー株はさらに上値余地が大きくなるでしょう。

設定日	保有銘柄数	投資方針
2007年2月	80	割安性を重視し、アクティブ運用を基本とする
2018年2月	209	流動性があり、株価水準が低位にある銘柄を対象に、実績PBR・予想PER等の観点から割安な銘柄
2012年2月	71	株価バリュエーションに着目しつつ、各々の企業のファンダメンタルズ等も勘案
1999年7月	102	各種投資指標により割安と判断される銘柄を重視し、ファンダメンタルズ分析により選定
2005年4月	111	キャッシュリッチ企業のなかから、割安と判断される株式を主な投資対象とする
2000年2月	115	PER、PBR等や株価水準からみて割安と判断される銘柄のうち、株価上昇が期待される銘柄に投資
2000年9月	54	PER、PBR、PCFRのような投資尺度を重視し、市場平均や業種平均との比較を通じて割安度を判断
2015年1月	99	資産・利益等に比較して株価が割安と判断され、今後株価の上昇が期待できる銘柄
2006年2月	48	Russell/Nomura Large Cap Value Total Return Indexを上回るリターンを目指す
2021年2月	39	本質的価値より割安で、強いカタリストがある企業に投資
2012年10月	59	バリュー・ベースの銘柄選択アプローチに基づいて、45 ～ 55銘柄に投資
2018年10月	22	クオリティが高く、NAVに比べて割引され無視された株式に投資

図表10-3 > 国内外の主なバリュー株ファンドの投資方針

ファンド名	運用会社	純資産（10億円）	過去1年騰落率（%）
SMBCファンドラップ・日本バリュー株	三井住友DS AM	150.9	36.8
野村日本割安低位株オープン	野村AM	31.5	45.3
DIAM割安日本株ファンド	アセットマネジメントOne	20.8	37.8
三井住友DS日本バリュー株ファンド	三井住友DS AM	21.9	37.4
日興キャッシュリッチ・ファンド	日興AM	14.4	25.3
ダイワ・バリュー株・オープン	大和AM	13.7	33.9
三菱UFJバリューオープン	三菱UFJ国際	12.6	35.1
ジャパン・ストラテジック・バリュー	野村AM	4.7	36.6
Man GLG Japan CoreAlpha Fund	Man GLG	337.4	25.8
Zennor Japan Fund	Zennor	70.2	32.7
Japan Value Fund	Polar Capital	36.4	33.0
AVI Japan Opportunity Trust	AVI	32.8	4.0

注：純資産は2023年10月31日時点。騰落率は2023年9月末時点
出所：各社資料、Financial Times、ブルームバーグよりみずほ証券エクイティ調査部作成

ひびきパースの投資法は「人のいく裏に道あり花の山」

シンガポールのひびきパースはHPで、「バリュー投資の投資哲学・投資手法に根差し、顧客の利益を最上のものとして、企業と市場に向き合っています。投資の基本的なアプローチ方法は『人のいく裏に道あり花の山』という相場の格言に集約されます。私たちは現状の事業がどのような状態であれ、それに対して市場から過度に低く評価されていると考えられる企業に投資します。事業は好調なのに様々な理由で株式が割安に放置されたり、経営陣が株価に無頓着で株式が割安に放置されたり、とくに理由もなく、安定しながらも地味な実績に日が当たらないなど、様々なケースが存在します。割安な企業の株式に関心を持ち、業界や事業を調査し、実際に訪問取材し、理解し、投資し、光を当てていくのが私たちの投資手法であり、使命です」と述べています。

ひびきパースは中小型バリュー株に投資しますが、投資先企業とのエンゲージメントやディスカッションを公開しています。他の投資家にも注目してもらわないと、万年割安に放置される可能性があるためと考えられます。

たとえば、2023年9月に河合楽器製作所、6月に中古マンションのスター・マイカHD、5月にTBS HDとのエンゲージメントの紹介動画などをHPに掲載しました。また、日本取引所グループやアニメ制作のIGポートの株主総会に株主として出席した印象記なども公開しています。また、投資先企業の魅力をアピールするために、投資家とのスモールミーティングを主宰することもあるようです。

ひびきパースは、2023年6月の日本高純度化学の株主総会で3つの株主提案を行ないましたが、いずれも否決されました。なお、ひびきパースの清水雄也代表取締役は、同じシンガポールの3Dインベストメント・パートナーズが株主提案を行なった富士ソフトの社外取締役に2022年12月に就任しました。

日本橋バリューパートナーズの発想法

米国では独立系ファンドが多い一方、日本の運用会社のほとんどは大手金融機関の系列です。そうしたなか、野村アセットマネジメントで30年にわたってバリュー株を運用してきた高柳健太郎氏は、2021年秋に日本橋バリューパートナーズ（NVP）を創業しました。

NVPはHPで、「バリュー運用の投資哲学は、市場参加者に過小評価されている銘柄のなかから、本当に実力を持つ企業を発掘することです。日本株は魅力的な投資機会に溢れています。過小評価されている日本企業、そして市場からの低評価に苦しむ日本企業がたくさん存在しています。過小評価は構造的な問題があると市場から誤解されている企業や、市場との対話不足などにより誤解されている企業など様々な要因によって生じています。NVPは、各企業に対して丁寧な調査・分析、取材による対話などを通じて、本当の実力を持ちながらも過小評価されている企業を発掘し、長期的な投資と対話の継続を通じて、日本企業を応援できると考えます」と、日本企業を応援する真の調査分析力をアピールしています。

高柳氏は、バリュー投資が不遇だった2021年3月の『証券アナリストジャーナル』に寄稿した「バリュー投資の再考」で、「バリュー投資の醍醐味は、逆張り投資である。近年の状況は、不人気銘柄の中から将来の人気銘柄を発掘するバリュー投資時代を不人気な投資戦略に追いやってしまっている。過去と比較して大幅に割安な銘柄が数多く存在しており、銘柄発掘のチャンスがこれほどまでに大きい状況は、バリュー投資にとって有利に働こう」と述べていました。2021年3月時点でのこうした見方は先見の明があったといえます。

「対話で企業価値を上げる」ファンドの投資先は？

企業価値向上を促す対話を重視するスパークス・アセット・マネジメントの「企業価値創造日本株ファンド」は、ローンチのタイミングが、日本株が急騰していた2023年5

月だったこともあり、純資産が約900億円に達しました。

この投信はファンドの特色として、①長期集中投資によるリターンの追求～2023年8月末の組入銘柄数は31銘柄、②潜在価値の高い企業への選別投資～企業経営者が誠実であり、高い競争力を有する企業のなかから、市場ではまだ評価されていないものの、さらなる成長余地がある潜在価値の高い企業を選別して投資、③企業価値向上を促す対話を重視～長期的なパートナー株主として、企業との対話を通じ、事業戦略や最適な資本配分、コーポレートガバナンスの強化・改善等を促すことで、企業価値の顕在化を積極的に後押しすることの3つを挙げています。

この投信の2023年9月末時点の上位組入銘柄は三菱重工業、森永製菓、MARUWA、ナカニシ、パイロットでした。

独立系運用会社のシンプレクス・アセット・マネジメントが運用する「シンプレクス・ジャパン・バリューアップ・ファンド」は、投資先企業とのエンゲージメントを通じて、バリューアップ型集中投資を行ないます。

2008年2月設定来のパフォーマンスは2023年9月末時点で270%に達し、2023年6月18日の『日経ヴェリタス』が掲載した5年の「シャープレシオ」ランキングで、アクティブ日本株投信のなかで1位になりました。

図表10−4 ＞ 公募投信のエンゲージメントファンド

投信名	マネックス・アクティビスト・ファンド	スパークス・企業価値創造日本株ファンド	スパークス・日本株式スチュワードシップ・ファンド	セゾン共創日本ファンド
運用会社	カタリスト投資顧問	スパークスAM	スパークスAM	セゾン投信
設定日	2020年6月25日	2023年5月15日	2014年12月2日	2022年2月1日
純資産総額（10億円）	13.9	88.4	1.9	3.5
設定来騰落率（%）	45.7	6.5	99.1	18.5
上位保有銘柄	大日本印刷 IHI 東宝 住友電設 TBS HD	三菱重工業 森永製菓 MARUWA ナカニシ パイロットコーポレーション	マックス EIZO ナカニシ MARUWA パイロットコーポレーション	ロート製薬 島津製作所 三井不動産 中外製薬 東日本旅客鉄道
主なエンゲージメント先	セブテーニHD NIPPO ジャフコグループ	MARUWA	京成電鉄 EIZO SHOEI	AGC シスメックス

投信名	シンプレクス・ジャパン・バリューアップ・ファンド	フィデリティ・日本バリューアップ・ファンド	アムンディ・ターゲット・ジャパン・ファンド
運用会社	シンプレクスAM	フィデリティ投信	アムンディ
設定日	2008年2月27日	2023年9月19日	2000年8月31日
純資産総額（10億円）	23.1	8.6	57.3
設定来騰落率（%）	269.9	-	754.5
上位保有銘柄	平和不動産 アマダ 住友電気工業 サンリオ アルファシステムズ	NA	リコー 京セラ 凸版印刷 しずおかFG 杏林製薬
主なエンゲージメント先	NA	NA	NA

注：純資産総額は2023年10月31日時点。設定来騰落率と上位保有銘柄は2023年9月末時点（シンプレクスAMの上位保有銘柄は2023年2月末時点）。このリストは推奨銘柄ではない
出所：会社資料よりみずほ証券エクイティ調査部作成

この投信はバリューアップ型投資の運用プロセスとして、①キャッシュフローと資産分析に基づいた割安銘柄の発掘、②企業価値評価～バリューアップ効果を見込まずに十分魅力的な投資対象の発掘、③経営者評価～面談を通じ、企業価値向上のために協調できる投資先かを審査、④株価ドライバー分析を通じた、企業価値向上施策の特定、⑤企業価値向上施策を実行するためのコンセンサス作り、⑥企業価値向上のためのコミュニケーション、⑦投資期間を通じて企業価値向上の後にフェアバリューでの売却が目標、の7つを挙げています。

この投信の2023年2月末時点（この投信は他の公募投信と違って、毎月組入銘柄を開示しません）の上位組入銘柄は平和不動産、アマダ、住友電気工業、サンリオ、アルファシステムズでした。

「PBR1倍割れ解消推進ETF」が上場

東証でアクティブETFが解禁されたことを受けて、シンプレクス・アセット・マネジメントは2023年9月7日に「PBR1倍割れ解消推進ETF」、「政策保有解消推進ETF」、「投資家経営者一心同体ETF」を上場させました。

普通のETFはTOPIXや日経平均などの株価指数に連動しますが、アクティブET

株数	株価（円）	時価（100万円）	保有比率（%）	累積保有比率（%）
109,900	7,486	822.7	5.0	5.0
633,600	1,294	819.9	5.0	10.1
510,700	1,573	803.3	4.9	15.0
248,000	2,631	652.5	4.0	19.0
353,300	1,415	499.9	3.1	22.1
337,900	1,350	456.2	2.8	24.9
31,800	11,535	366.8	2.2	27.1
119,400	3,060	365.4	2.2	29.3
120,500	2,630	316.9	1.9	31.3
96,600	3,234	312.4	1.9	33.2
92,800	3,202	297.1	1.8	35.0
52,300	5,653	295.7	1.8	36.8
36,900	7,997	295.1	1.8	38.6
135,400	2,179	295.0	1.8	40.4
412,200	595	245.3	1.5	41.9
33,900	6,597	223.6	1.4	43.3
35,600	5,788	206.1	1.3	44.6
230,600	827	190.6	1.2	45.8
49,800	3,783	188.4	1.2	46.9
308,900	605	186.9	1.1	48.1
91,700	1,963	180.0	1.1	49.2
296,100	566	167.6	1.0	50.2
28,800	5,364	154.5	0.9	51.1
42,500	3,512	149.3	0.9	52.0
153,200	947	145.1	0.9	52.9
74,000	1,904	140.9	0.9	53.8
35,400	3,913	138.5	0.8	54.6
147,100	930	136.7	0.8	55.5
24,500	5,371	131.6	0.8	56.3
62,400	2,060	128.5	0.8	57.1
77,500	1,617	125.3	0.8	57.8
28,400	4,266	121.2	0.7	58.6
159,300	759	121.0	0.7	59.3
40,700	2,866	116.6	0.7	60.0
32,100	3,491	112.1	0.7	60.7
37,400	2,924	109.4	0.7	61.4
29,100	3,419	99.5	0.6	62.0
70,400	1,333	93.8	0.6	62.6
61,700	1,476	91.1	0.6	63.1
79,600	1,144	91.1	0.6	63.7
26,900	3,281	88.3	0.5	64.2
115,000	709	81.5	0.5	64.7
72,600	1,098	79.7	0.5	65.2
19,700	3,854	75.9	0.5	65.7
18,700	4,012	75.0	0.5	66.2
57,100	1,295	73.9	0.5	66.6
59,600	1,233	73.5	0.5	67.1
22,000	3,156	69.4	0.4	67.5
38,700	1,776	68.7	0.4	67.9
8,800	7,715	67.9	0.4	68.3

図表10−5 ＞ シンプレクス・アセット・マネジメントの「ＰＢＲ１倍割れ解消ＥＴＦ」の主な組入銘柄

組入順位	コード	会社名	業種	実績PBR（倍）
1	8316	三井住友FG	銀行	0.77
2	8306	三菱UFJFG	銀行	0.88
3	7267	本田技研工業	輸送機	0.67
4	8411	みずほFG	銀行	0.71
5	7182	ゆうちょ銀行	銀行	0.53
6	6178	日本郵政	サービス	0.46
7	6201	豊田自動織機	輸送機	0.89
8	8053	住友商事	卸売	0.96
9	8591	オリックス	他金融	0.95
10	8750	第一生命HD	保険	1.09
11	5401	日本製鉄	鉄鋼	0.71
12	8725	MS＆ADインシュアランスグループHD	保険	0.97
13	6971	京セラ	電機	0.88
14	1605	INPEX	鉱業	0.75
15	7201	日産自動車	輸送機	0.43
16	8630	SOMPO HD	保険	1.17
17	8309	三井住友トラストHD	銀行	0.73
18	8308	りそなHD	銀行	0.75
19	9101	日本郵船	海運	0.75
20	8604	野村HD	証券	0.55
21	9503	関西電力	電力ガス	0.96
22	5020	ENEOS HD	石油	0.59
23	7259	アイシン	輸送機	0.80
24	9531	東京瓦斯	電力ガス	0.94
25	8601	大和証券グループ本社	証券	0.89
26	9502	中部電力	電力ガス	0.67
27	9104	商船三井	海運	0.73
28	4188	三菱ケミカルグループ	化学	0.77
29	9107	川崎汽船	海運	0.84
30	5411	JFE HD	鉄鋼	0.57
31	5802	住友電気工業	電機	0.64
32	5713	住友金属鉱山	非鉄	0.71
33	3402	東レ	繊維	0.76
34	9532	大阪瓦斯	電力ガス	0.85
35	7911	TOPPAN HD	他製品	0.85
36	7181	かんぽ生命保険	保険	0.47
37	5019	出光興産	石油	0.62
38	1802	大林組	建設	0.93
39	7261	マツダ	輸送機	0.62
40	8331	千葉銀行	銀行	0.76
41	8473	SBI HD	証券	0.87
42	7186	コンコルディアFG	銀行	0.71
43	1803	清水建設	建設	0.93
44	4183	三井化学	化学	0.91
45	8354	ふくおかFG	銀行	0.82
46	5831	しずおかFG	銀行	0.62
47	7752	リコー	電機	0.79
48	2768	双日	卸売	0.86
49	5406	神戸製鋼所	鉄鋼	0.76
50	9147	NIPPON EXPRESS HD	陸運	0.92

注：2023年11月2日時点。保有比率の上位50社。このリストは推奨銘柄ではない

出所：シンプレクス・アセット・マネジメント、QUICK Astra Managerよりみずほ証券エクイティ調査部作成

Ｆは株価指数に連動する必要がありません。11月2日時点の純資産はそれぞれ171億円、7億円、5億円で、「ＰＢＲ1倍割れ解消推進ＥＴＦ」が断トツに大きくなりました。

「ＰＢＲ1倍割れ解消推進ＥＴＦ」は純資産が大きくなったためか、組入銘柄数を上場当初の246から、11月2日時点で460銘柄に増やしました。保有銘柄はシンプレクス・アセット・マネジメントや東証のＨＰに日々開示されます。「政策保有解消推進ＥＴＦ」の保有銘柄数は234ですが、政策保有株式が多いとＲＯＥが下がり、低ＰＢＲになるので、両ＥＴＦは重複銘柄も多くなっています。

「ＰＢＲ1倍割れ解消推進ＥＴＦ」の組入銘柄の1位は、三井住友ＦＧでした。銀行で時価総額最大の三菱ＵＦＪＦＧが2位だったのは、三井住友ＦＧのほうが、ＰＢＲが低いからでしょう。3位はホンダでしたが、ＰＢＲが1倍を超えるトヨタ自動車は組み入れられていませんでした。4位はみずほＦＧ、5位はゆうちょ銀行でした。5大商社のなかでは、ＰＢＲ1倍割れの住友商事のみが8位に組み入れられました。10位の第一生命ＨＤは11月2日に上場来高値を更新し、ＰＢＲが1倍を超えたので、今後の対応が注目されます。上位50銘柄でポートフォリオ全体の7割弱を占めました。

電機ではＰＢＲ0・9倍の京セラが、13位で最も高い組入順位でした。電力ガスではＰＢＲ0・96倍の関西電力が21位で最も高い組入順位でしたが、ＰＢＲ0・3倍の東京電力HDは組み入れられていなかったので、PBRだけで組入銘柄を判断しているのではなさそうです。地銀は45行が組み入れられ、うち千葉銀行が40位と最上位の組入れでした。大手ゼネコンでは、PBRが1倍を割れている大林組と清水建設が組み入られました。大手不動産では、PBR1倍を若干下回る住友不動産が組み入れられなかった一方、PBRが約0・9倍の東急不動産HDが54位に組み入れられました。

2023年夏のバリュー相場で株価が大きく上昇し、PBRが上昇した銘柄が多くなりましたが、PBRが1倍を超えた場合、株価動向やファンダメンタルズなどを総合的に勘案して売買を判断するとしています。アクティブETFは組入銘柄を日々見直すことが可能ですが、シンプレクス・アセット・マネジメントは四半期に一度程度見直す方針のようです。

また、3本のアクティブETFは水嶋浩雅社長を中心にエンゲージメントを行なう予定です。水嶋社長は日本の株式市場を良くするためにも、3本のETF合計で純資産を1兆円以上にしたいと意気込んでいます。

国策としての「資産運用立国」と低PBR対策

日本は「資産運用立国」になれるか？

岸田首相は2023年9月21日にニューヨーク経済クラブで行なった講演で、「2000兆円を超える個人金融資産を活用した日本の資産運用ビジネスの発展が、法の支配や市場経済といった普遍的価値を共有する日米間において、投資の流れとウインウインの関係を強固にし、世界経済に大いに貢献する」と述べました。

就任当初、金融市場にフレンドリーでないと思われた岸田内閣の政策が、金融市場にフレンドリーな政策に変わってきたことはポジティブです。

政府は2023年内の「資産運用立国プラン」策定に向けて、9月25日〜10月6日の「Japan Weeks」で様々なイベントを開催しました。2023年9月11日に発表された「QUICK月次調査〈株式〉」は市場関係者に、「資産運用立国」のために必要な「資産運用業等の抜本的改革」で最も重視すべき施策に関するアンケート調査を行なったところ、上場会社の価値創造力の強化、資産運用会社のガバナンス改革、金融経済教育の推進の順に多くなりました。ここでいう上場会社の価値創造力の強化とは、まさに資本コストと株価を意識した経営の普及を意味するでしょう。

お金に働いてもらう

岸田政権の積極的な賃上げ促進策が奏功して、2023年の春闘賃上げ率は3・99%と、30年ぶりの高水準になりましたが、これは定期昇給も込みの賃上げ率であるうえ、物価上昇も続いたため、実質賃金は2023年8月まで17カ月連続で前年割れとなりました。

一方、株価上昇によって、プライム市場の平均配当利回りは2%強まで下がりましたが、高配当利回り銘柄で構成することで、まだ4%程度の利回りが得られるポートフォリオの構成は可能です。TOPIXも企業の増益率並みの年率8%程度の上昇は見込めます。

つまり、勤労所得だけに頼るのではなく、お金に働いてもらえば豊かな生活を送ることが可能だということです。

2023年3月末に日本の家計金融資産は2043兆円と過去最高になりましたが、米国の家計金融資産は114兆ドル（1・5京円）と日本の7倍以上です。米国の人口は日本の約3倍なので、米国の1人当たり金融所得は日本の約2倍ということになります。

2000〜2022年に日本の家計金融資産が1・4倍にしか増えなかったのに対して、米国の家計金融資産は3・2倍に増えました。日本の家計金融資産に占める株式・投信比率が15％にとどまる一方、米国の同比率は4割強に達するうえ、米国株のほうが日本株より値上がり率が大きかったためです。

米国では株主のリターンを上げない経営者は辞任を迫られます。一方、日本には株主から預かった資本のコストを意識せず、株価が下がっても気にしない経営者が多くいました。円安基調が続いているのは、日米の金融政策の違いだけでなく、富裕層を中心に静かなキャピタルフライトが起きているからともいえます。

2024年に新NISAが始まっても、米国株のパッシブファンドに個人投資家資金が流れるだけとの見方もありますが、いまこそ、資本コストと株価を意識した経営を普及させて、国策として、日本株を上げて、日本を再度豊かな国にする必要があります。

日本では資産運用に保守的な高齢世帯が増えているので、株式・投信比率を米国家計並みに引き上げるのは無理でも、欧州並みの約3割にはしたいものです。若者世代はリスク資産への投資にも前向きなので、高齢者に偏った金融資産の世代交代が進めば、日本でも株式・投信比率がもっと高まるでしょう。

株価上昇は国策

米国ではアップルの時価総額が約400兆円で、ブラックロックの運用資産が約1400兆円である一方、日本ではトヨタ自動車の時価総額が45兆円で、野村HDのインベストメント・マネジメント部門の運用資産が76兆円です。

米国では企業の時価総額が大きくなり、運用会社の資産規模や個人投資家の金融資産が増加し、個人消費が強くなるという好循環が起きました。

一方、日本では貯蓄がゼロという世帯も2~3割あるため、NISAやiDeCo（個人型確定拠出年金）などの投資促進プログラムを拡大すると、野党から金持ち優遇との批判が出がちです。しかし、富裕層や高所得者層の足を引っ張っても、自分が豊かになれないのは自明です。

老後資金が2000万円不足するとの問題が論争になったのは2019年でしたが、経営者の株式市場への意識が変わったり、日本企業の競争力が改善して株価が上がったりすれば、公的年金の運用利回りが高まり、国民皆が豊かさをより感じられます。

早稲田大学の野口悠紀雄名誉教授は2023年9月14日に「日本の1人当たりGDPは2012年に米国とほぼ同水準だったが、現在は約3分の1になった。2000年にはG7諸国中で最上位だったが、今は最下位を争っている。この状況が続けば日本は世界から取り残されてしまう」とツイートしました。

インバウンドで訪日外客数が増えることは地方経済にとっても望ましいものの、外国人旅行客が日本に来て安く感じるのは、日本が貧しくなったことの間接的な証拠です。若い世代は将来のための積立が重要である一方、高齢者になれば、貯蓄・投資の残高維持と取り崩しのバランスが重要となりますが、いずれにとっても、高い投資リターンの維持が豊かな生活につながります。

＞ＮＩＳＡを通じて、若者に投資文化が定着する兆し

金融庁によると、２０２３年６月末時点のＮＩＳＡ総口座数は３月末比68万増の１９４１万口座でした。コロナ禍の始まった２０１９年末と比べると、ＮＩＳＡ総口座数は５７８万口座も増えました。とくに、20～30歳代のＮＩＳＡ口座数が２４０万口座→５４１万口座と２倍以上に増えました。

内訳を見ると、50歳代以上は一般ＮＩＳＡの口座数の方が多い一方、20～40歳代はつみたてＮＩＳＡ口座数の方が多く、若者世代に長期積立の慣習が広がりつつあることを示唆します。

２０１４年に始まった一般ＮＩＳＡは年間投資枠が１２０万円、２０１８年に始まった

つみたてNISAは同40万円なので、累計買付額は一般NISAが29兆円と、つみたてNISAによる累計買付額3・6兆円を大きく上回ります。

商品別買付額は投信19・3兆円、上場株式12・5兆円、ETF7936億円でした。20～30歳代は総NISA口座数の28％を占めるものの、投資金額が小さいつみたてNISA中心であるうえ、投資余力も小さいので、累計買付額は5・5兆円と全体の17％を占めるに過ぎませんでした。

しかし、今後10～20年経ち、現在の若者世代が投資余力の高まる中年世代に到達すれば、株式・投信への投資額が増えるでしょう。民間給与所得者の平均年収は443万円なので、合計360万円のNISA投資枠を使い切れる人は少なく、株式市場へ流入する資金の増加額は限定的でしょうが、中長期的な株式・投信への投資文化の定着が評価されます。

金融庁はNISAを通じて買われた株式や投信を公表していませんが、ネット証券のデータによると、株式ではNTT、JT、三菱UFJFGなどの大型の高配当利回り株、株式投信では米国株パッシブ投信への投資が多くなっています。本書で述べたように、日本企業に資本コストと株価を意識した経営が定着するとすれば、NISAを通じて、低PBRの日本株やバリュー型の日本株投信への投資も検討に値するでしょう。

菊地正俊（きくち　まさとし）
みずほ証券エクイティ調査部チーフ株式ストラテジスト。1986年東京大学農学部卒業後、大和証券入社、大和総研、2000年にメリルリンチ日本証券を経て、2012年より現職。1991年米国コーネル大学よりMBA。日本証券アナリスト協会検定会員、CFA協会認定証券アナリスト。日経ヴェリタス・ストラテジストランキング2017～2020年1位、2023年2位。インスティチューショナル・インベスター誌ストラテジストランキング2023年1位。
著書に『日本株を動かす 外国人投資家の思考法と投資戦略』『米国株投資の儲け方と発想法』『相場を大きく動かす「株価指数」の読み方・儲け方』『日本株を動かす外国人投資家の儲け方と発想法』（以上、日本実業出版社）、『アクティビストの衝撃』（中央経済社）、『良い株主　悪い株主』『株式投資　低成長時代のニューノーマル』『外国人投資家が日本株を買う条件』（日本経済新聞出版）、『なぜ、いま日本株長期投資なのか』（きんざい）、『日本企業を強くするM&A戦略』『外国人投資家の視点』（PHP研究所）、『お金の流れはここまで変わった』『外国人投資家』（洋泉社）、『外国人投資家が買う会社・売る会社』『TOB・会社分割によるM&A戦略』『企業価値評価革命』（東洋経済新報社）、訳書に『資本主義のコスト』（洋泉社）、『資本コストを活かす経営』（東洋経済新報社）などがある。

低《てい》PBR《ピービーアール》株《かぶ》の逆襲《ぎゃくしゅう》

2024年1月1日　初版発行
2024年2月10日　第3刷発行

著　者　菊地正俊
発行者　杉本淳一

発行所　株式会社日本実業出版社　東京都新宿区市谷本村町3－29 〒162-0845
編集部　☎03-3268-5651
営業部　☎03-3268-5161　振　替　00170－1－25349
https://www.njg.co.jp/

印刷／三省堂印刷　製本／共栄社

ISBN 978-4-534-06073-0　Printed in JAPAN